Stefan Zweig und Ellen Key. Eine biografische Miniatur

Margrit Hansen (Hrsg.)

Stefan Zweig und Ellen Key Eine biografische Miniatur

Briefwechsel zwischen einem jungen österreichischen Dichter und einer schwedischen Philosophin und Gesellschaftsreformerin

PETER LANG

Bibliografische Information der Deutschen Nationalbibliothek
Die Deutsche Nationalbibliothek verzeichnet diese Publikation
in der Deutschen Nationalbibliografie; detaillierte bibliografische
Daten sind im Internet über http://dnb.d-nb.de abrufbar.

Umschlagabbildungen:
Ellen Key, schreibend: Foto um 1906 (www.ellenkey.se),
aus dem Familienbesitz von Hedda Jansson, Ödeshög, Schweden,
Stefan Zweig: Porträtfoto um 1903/4. Gemeinfrei.

Gedruckt auf alterungsbeständigem, säurefreiem Papier.
Druck und Bindung: CPI books GmbH, Leck

ISBN 978-3-631-81918-0 (Print)
E-ISBN 978-3-631-81982-1 (E-PDF)
E-ISBN 978-3-631-81983-8 (EPUB)
E-ISBN 978-3-631-81984-5 (MOBI)
DOI 10.3726/b16854

© Peter Lang GmbH
Internationaler Verlag der Wissenschaften
Berlin 2020
Alle Rechte vorbehalten.

Peter Lang – Berlin · Bern · Bruxelles · New York ·
Oxford · Warszawa · Wien

Diese Publikation wurde begutachtet.

www.peterlang.com

Inhaltsverzeichnis

VORWORT

Stefan Zweig und Ellen Key sind sich nur einmal in ihrem Leben in Italien begegnet, im Herbst 1907, haben aber über einen Zeitraum von etwa 20 Jahren miteinander Briefe[1] gewechselt. Über diese Begegnung in Italien schreibt Stefan Zweig in seinem Lebensrückblick *Die Welt von Gestern. Erinnerungen eines Europäers*:

„So kam eines Tages Ellen Key zu mir, diese wundervolle schwedische Frau, die mit einer Kühnheit ohnegleichen in jenen noch borniert widerstrebenden Zeiten für die Emanzipation der Frauen gekämpft und in ihrem Buch ,Das Jahrhundert des Kindes'[2] lange vor Freud die seelische Verwundbarkeit der Jugend warnend gezeigt." Und er fügt hinzu: „...durch sie wurde ich in Italien bei Giovanni Cena[3] eingeführt und gewann in dem Norweger Johan Bojer[4] einen bedeutenden Freund."

Und an anderer Stelle dieses Buches erwähnt er Key zusammen mit Walter Rathenau, Emile Verhaeren und Léon Bazalgette als eine von seinen vier wichtigsten Freunden.[5]

Der Briefwechsel zwischen Zweig und Key beginnt 1904. Zweig lebt in Wien und hat bereits den Gedichtband *Silberne Saiten* zwei Jahre zuvor veröffentlicht. *Die Liebe der Erika Ewald* (vier Novellen) erscheint 1904[6] in Berlin.

Ein Exemplar geht mit seinem ersten Brief an Key, vielleicht in der Hoffnung, dass sie ihn in der literarischen Welt Skandinaviens genauso bekannt machen

---

1   Briefe von Stefan Zweig (1881–1942) an Ellen Key (1849–1926): erhaltene Briefe aus den Jahren 1904–1921 sind in der Kungl. Biblioteket Stockholm (KB) und in der Jewish National and University Library, Department of Manuscripts and Archives ,verwahrt.
2   Key, Ellen: *Das Jahrhundert des Kindes*. Übertragung von Francis Maro. Deutsche Erstausgabe, Berlin 1902.
3   Cena, Giovanni (1870–1917), ital. Schriftsteller und Redakteur; lebte zu dieser Zeit zusammen mit der Schriftstellerin Rina Faccio (alias Sibilla Alaramo). Ihr Werk *Una donna* (1906) ist für die italienische Frauenbewegung von großer Wichtigkeit. Ellen Key macht Zweig im Oktober 1907 in Rom mit „den Cenas" bekannt.
4   Bojer, Johan (1872–1959), norwegischer Romancier und Dramatiker.
5   Zweig, Stefan: *Die Welt von Gestern* (1944). Frankfurt a. M. 1999, S. 149 u. S. 211.
6   Zweig, Stefan: *Silberne Saiten*, Gedichte. Schuster und Loeffler (Vorläufer des Insel-Verlags) Leipzig 1901. Die Liebe der Erika Ewald (vier Novellen) erscheint 1904 bei Egon Fleischel in Berlin.

wird wie zuvor Rainer Maria Rilke[7]. Die hier veröffentlichte Korrespondenz von 1904–1921 zwischen Stefan Zweig und Ellen Key stellt die beiden in den historischen Zusammenhang des ersten Teils der *Welt von Gestern*. Dieses Buch von Stefan Zweig wurde nach seinem Tod in Stockholm veröffentlicht. Es ist seine Lebensgeschichte, die in den Jahren von 1939 bis 1941 im Exil entstand.

Das Buch spiegelt gleichzeitig die Geschichte Europas und der Welt vom Ende des 19. Jahrhunderts bis in die Mitte des Zweiten Weltkrieges (1942) wider, während die Korrespondenz zwischen Key und Zweig einen kürzeren Zeitraum von 1904 bis 1921 umfasst.

1904 hat Stefan Zweig seine Promotion[8] bestanden und seinen Novellenband *Die Liebe der Erika Ewald* veröffentlicht. Trotz seines Erfolges ist er noch unsicher, in welche Richtung er sich entwickeln soll. Schon während der Schulzeit hat er begonnen, belgische und französische Dichter ins Deutsche zu übertragen. Dazu gehören Werke von Paul Verlaine[9]. und eine Novelle von Camille Lemonnier[10]. Später entdeckt er den belgischen Dichter Emile Verhaeren[11] für sich, übersetzt einige Gedichte und bittet Verhaeren um Erlaubnis, sie veröffentlichen zu dürfen.

Verhaerens Gedichte entsprechen Zweigs Lebensgefühl mit ihrer Zukunftsbejahung im neuen europäischen Geist.

Im dritten Universitätsjahr deutet sich das Ziel an, sich ganz dem Schriftstellerberuf zuzuwenden. Zweig ist in einer Entwicklungsphase, die er in der *Welt von Gestern* für sich so charakterisiert: „Gerade dadurch, dass jede fremde Sprache in ihren persönlichsten Wendungen zunächst Widerstände für die Nachdichtung schafft, fordert sie Kräfte des Ausdrucks heraus, die ungesucht sonst nicht zum Einsatz gelangen, und dieser Kampf, der fremden Sprache zäh das Eigenste abzuzwingen und der eigenen Sprache ebenso plastisch einzuzwingen, hat für mich immer eine besondere künstlerische Lust bedeutet."[12]

---

7   Rilke, Rainer Maria (1875–1926), österreichischer Lyriker. Rilke rezensiert Ellen Keys Neuerscheinung in Deutschland *Das Jahrhundert des Kindes* im Bremer Tageblatt 1902: „Und dieses Buch, in seiner stillen, eindringlichen Art, ist ein Ereignis, ein Dokument, über das man nicht wird hinweggehen können. Man wird im Verlaufe dieses Jahrhunderts immer wieder darauf zurückkommen, man wird es zitieren und widerlegen, sich darauf stützen und sich dagegen wehren, aber man wird auf alle Fälle damit rechnen müssen."

8   Zweig, Stefan: *Die Philosophie des Hippolyte Taine*. Dissertation, 1904.

9   Verlaine, Paul (1844–1896), franz. Dichter; in: *Die Welt von Gestern*. 1999, S. 145.

10 Lemonnier, Camille (1844–1913), belgischer Novellist und Kunstkritiker.

11 Verhaeren, Emile (1855–1916), belgischer Dichter.

12 Zweig, Stefan: *Die Welt von Gestern*. 1999, S. 143.

Verhaerens Lyrik genießt Ellen Keys höchste Anerkennung und so interessiert sich Key auch für den jungen Schriftsteller Zweig, der die Werke des Belgiers ins Deutsche übertragen hat.

Stefan Zweig begeistert sich außerordentlich für Verhaeren: „Verhaeren hatte als erster von allen französischen Dichtern versucht, Europa das zu geben, was Walt Whitman Amerika: das Bekenntnis zur Zeit, das Bekenntnis zur Zukunft."[13]

Auf Walt Whitman[14] hat sich auch Key in ihrem bekanntesten Werk *Das Jahrhundert des Kindes* bezogen. Dort heißt es im letzten Satz ihres Buches: „Aber diese Hoffnung setzt voraus, dass die Jugend (…) die Worte Walt Whitmans zu den ihren macht: *Ich frage nicht, ob mein verwundeter Bruder leidet. Ich werde selbst dieser* Verwundete."

---

13 *Verhaeren hatte als erster*: In: Zweig, Stefan: *Die Welt von Gestern*. Frankfurt 1999, S. 145.

14 *Aber diese Hoffnung setzt voraus*: Key, Ellen: *Das Jahrhundert des Kindes*, Weinheim und Basel 1992, S. 241; Key zitiert Walt Whitman (1819–1892), den US-amerikanischen Dichter, im letzten Satz dieses Buches.

MUTTERSPRACHE – HEIMATLAND

Büste in Frankreich,
Paris, Jardin du Luxembourg.

Büste (Halbrelief) in Schweden,
Alvastra, Villa Strand.

Abbildung 1: Zwei Köpfe

CURRICULUM VITAE DER BEIDEN BRIEFPARTNER

Stefan Zweig

Stefan Zweig wird am 28.11.1881 als zweiter Sohn in Wien geboren. Sein Vater ist ein wohlhabender Textilunternehmer jüdischer Religionszugehörigkeit, seine Mutter Ida Brettauer entstammt einem reichen Kaufmannsgeschlecht aus Hohenems. Die Religion spielt in der Familie keine wichtige Rolle, so dass sich Stefan Zweig später als „Jude aus Zufall" bezeichnet. Er studiert zunächst in Wien Philosophie und Literaturgeschichte. Zweig übersetzt zunächst französischsprachige Autoren und versteht sich u. a. als „Mittler zwischen den Menschen und Nationen". Er schreibt Gedichte, Erzählungen und Dramen.

1910 veröffentlicht er seine erste Biografie über Emile Verhaeren[15] im Leipziger Insel-Verlag. Zuvor hat er versucht, ihn durch Übersetzungen mehrerer seiner Werke in Deutschland bekannt zu machen. Das erste Buch mit eigenen Erzählungen, *Die Liebe der Erika Ewald*, erscheint in Berlin. Ein längerer Aufenthalt in Paris und Begegnungen mit Rilke und Rodin folgen.

---

15 Zweig, Stefan: *Darstellung Verhaerens.* Leipzig 1910.

Zweig beginnt jetzt vorsichtig mit ersten eigenen Werken seine Karriere als Schriftsteller zu festigen. Sein Buch mit Erzählungen *Erstes Erlebnis. Vier Novellen aus Kinderland* widmet er Ellen Key.

Mit weiteren Reisen durch die ganze Welt, z. B. in die USA, nach Kanada, Kuba, Puertorico und Panama möchte er seinen Horizont erweitern aber auch Kontakte zu anderen Schriftstellern und Künstlern knüpfen.

Vor 1914 kann er 1912 die Uraufführung des Einakters *Der verwandelte Komödiant* in Breslau feiern und auch die Uraufführung des Theaterstücks *Das Haus am Meer* am Wiener Burgtheater. In diese Zeit fällt auch der Beginn der Freundschaft mit Friderike Maria von Winternitz[16].

Während des Ersten Weltkrieges leistet Zweig in der sogenannten „literarischen Gruppe" im Kriegsarchiv und im Kriegspressequartier in Wien seinen Dienst ab, wahrscheinlich durch Intervention Karl Ginzkeys[17], eines Berufsoffiziers vermittelt. Dort arbeitet auch der deutsch-österreichische Dichter Rainer Maria Rilke. Zweig kämpft in dieser Zeit gegen Opportunismus und Nationalismus, setzt sich für die geistige Einheit Europas ein, warnt in Aufsätzen und Vorträgen vor Radikalisierung und ruft zu Diplomatie, Vernunft und Geduld auf.

Das Ende dieses Krieges verbringt er in der Schweiz, da er aus seinem Dienst in Wien beurlaubt wird, als er eine Einladung zu einer Vorlesung in der Schweiz erhält. Dadurch kann er in Zürich an der Uraufführung seines gegen den Krieg gerichteten Dramas *Jeremias* mitwirken. Geprägt durch seine in dieser Zeit beginnende Freundschaft zu Romain Rolland[18] teilt Zweig dessen pazifistische Weltsicht. Zusammen mit ihm ruft er Intellektuelle aus der ganzen Welt zu einem aktiven Pazifismus auf.

Zweig kann als nomineller Korrespondent einer Zeitung bis zum Ende des Krieges bleiben und kehrt erst 1919 nach Österreich zurück. Dort lässt er sich in Salzburg auf dem Kapuzinerberg nieder, wo er 15 Jahre, bis 1934, mit seiner Frau Friderike wohnt.

Diese Epoche bis 1934 empfindet Zweig zunächst als neue kulturelle Blütezeit Europas. Man erholt sich vom Krieg, die Menschen können wieder frei reisen und sich austauschen. Zweigs Bücher werden in der ganzen Welt verkauft, in viele verschiedene Sprachen übersetzt, und er bekommt jeden Tag hunderte von Briefen. Der wirtschaftliche Erfolg geht damit einher. Bis zum Jahr 1933,

---

16 von Winternitz, Friderike Maria geb. Burger (1882–1971); die Freundschaft mit Zweig beginnt 1912, aber eine Scheidung ist ihr als Katholikin zunächst nicht möglich. Frau von Winternitz hat zwei Kinder aus erster Ehe.

17 Ginzkey, Franz Karl (1872–1963), österreichischer Lyriker und Erzähler.

18 Rolland, Romain (1866–1944), franz. Musikwissenschaftler, Schriftsteller und Pazifist.

dem Jahr der Bücherverbrennungen in Österrreich und Deutschland, erscheinen etwa 1,3 Millionen Bücher Stefan Zweigs. Sein Werk ist in mehr als zwei Dutzend Sprachen verbreitet.

Nachdem Adolf Hitler in Deutschland an die Macht gekommen ist und dessen Einfluss in Österreich immer größer wird, flieht Zweig aus seinem Heimatland. Mit seinem Roman *Castellio gegen Calvin oder Ein Gewissen gegen die Gewalt*[19] beschwört er 1936 noch einmal eindringlich seinen schwindenden Glauben an den Sieg der Menschlichkeit und Toleranz. Nach seiner Emigration aus Österreich gelangt er zuerst nach England (Bath und London), bevor er in die Vereinigten Staaten auswandert und über die USA 1940 Brasilien erreicht. Seine erste Ehe zerbricht.[20]

Die deutsche Sprache bleibt seine „Muttersprache", obwohl er auch andere Sprachen, vor allem die französische, fließend beherrscht.

Das dichterische Werk Stefan Zweigs ist bis heute anerkannt und präsent. Darüber hinaus beeindruckt er aber auch als Europäer, der mit anderen großen Dichtern den Gedanken der kulturellen Einheit Europas zu einer Zeit vertrat, als ihn nur wenige offen zu äußern wagten.

Es existieren über 6000 Briefe von ihm und an ihn in verschiedenen Sammlungen.[21] Unter den Adressaten sind u.a. Martin Buber[22], Sigmund Freud[23], Rainer Maria Rilke, Albert Schweitzer[24], Romain Rolland, Emile Verhaeren und Ellen Key

1942 stirbt er in Petropolis, Brasilien, wo er auch begraben wird.

1944 erscheinen seine Erinnerungen *Die Welt von Gestern* posthum.

---

19 Zweig, Stefan: *Castellio gegen Calvin* oder *Ein Gewissen gegen die Gewalt*. Wien 1936.

20 Die Ehe mit Friderike von Winternitz wird 1938 geschieden. Er heiratet danach seine Sekretärin Charlotte Elisabeth Altmann (1908–1942).

21 Korrespondenz und Dokumente im Zweig Nachlass: www.fredonia.edu/library/index. htm; Weitere Briefe von Zweig: Handschriftensammlung, Stadtbibliothek Wien (StB) und Deutsches Literaturarchiv/Schiller Nationalmuseum, Marbach a. N. (DLA). Es existieren weitere Sammlungen: vgl. Donald A. Prater: *Stefan Zweig*. Reinbek 1991, S. 396 ff.

22 Buber, Martin (1878–1965), deutscher Schriftsteller, Religions- und Sozialphilosoph.

23 Freud, Sigmund (1859–1939), österr. Arzt, begründet die Psychoanalyse als psychotherapeutisches Verfahren.

24 Schweitzer, Albert (1875–1965), elsäss. deutscher ev. Theologe, Musiker und Arzt.

Ellen Key

Key wird als erstes von sechs Kindern des schwedischen Landadeligen Emil Key und seiner Frau Sophie, einer geborenen Gräfin Posse, im Jahre 1849 auf einem kleinen Landgut in Sundsholm (Västervik) geboren.

Sie gehört zur Generation europäischer Mädchen, denen eine systematische und kontinuierliche formale Ausbildung, besonders auch in universitären Disziplinen, weitgehend verwehrt ist, da die höheren Bildungsinstitutionen, die Berufsausbildungseinrichtungen und Universitäten in den meisten europäischen Ländern den Jungen vorbehalten sind. In ihrer Gesellschaftsschicht wird zwar auf eine sorgfältige und umfassende klassische Bildung für Töchter geachtet, doch diese soll nicht der Sicherung des eigenen Lebensunterhalts dienen. Sie zielt vielmehr darauf ab, das Mädchen als begehrtes Heiratsobjekt von der Hand des Vaters in die des Ehemannes zu geben. Aber Key erfährt ganz unmittelbar den Zusammenbruch von traditionellen weiblichen Lebensläufen, als die Familie im Zuge einer landwirtschaftlichen Strukturkrise ihr Landgut verkaufen muss. Die klassische Versorgung durch Heirat kommt für Key nicht in Frage, so dass die Sicherung des eigenen Lebensunterhaltes zur Notwendigkeit wird, sich aber auch als Chance für eine eigenständige unkonventionelle Lebensgestaltung erweist.

Ihr politisches Interesse ist früh durch den Vater Emil Key geweckt worden. Er ist als Abgeordneter der Bauernpartei (Lantmannapartiet) ab 1867 Mitglied des schwedischen Reichstags. Als Mitarbeiterin ihres Vaters beschäftigt sich die 19jährige Ellen intensiv mit politischen und gesellschaftlichen Problemen. Er ermuntert sie auch zu eigener schriftstellerischer Tätigkeit.

Key bleibt unverheiratet und ist somit als Tochter eines Adeligen ein „Fräulein" im ursprünglichen Sinne (siehe Anreden Stefan Zweigs in den Briefen: „Hochwohlgeborenes Fräulein").

Ab 1883 hält Key Vorlesungen am neu gegründeten Stockholmer Arbeiterinstitut, vor allem vor jungen Arbeiterinnen, denn sie ist begeistert von der Aufgabe zur Bildung dieser gesellschaftlich besonders benachteiligten Gruppe beizutragen. Sie hält Vorträge, wird Leiterin von Bildungskursen für junge Arbeiterinnen, Referentin an verschiedenen skandinavischen Volkshochschulen und veröffentlicht Rezensionen in mehreren Zeitschriften.

Nach der Publikation ihres ersten Buches *Missbrauchte Frauenkraft* (1898) und den *Essays* (1899) wird *Das Jahrhundert des Kindes* (1902) zum großen Erfolg in ganz Europa, besonders im deutschsprachigen Raum. Auch die Trilogie *Livslinjer I-III*, in Deutschland unter den Titeln *Über Liebe und Ehe* (1905), *Der Lebensglaube. Betrachtungen über Gott, Welt und Seele* (1906) und *Persönlichkeit und Schönheit in ihren gesellschaftlichen und geselligen Wirkungen* (1907) veröffentlicht, erzielen beträchtliche Auflagen. Damit sichert sie sich eine Position als liberale und idealistische Denkerin. Es wird bald deutlich, dass sich ihr Engagement nicht nur auf pädagogische Bereiche bezieht, sondern dass ihre philosophischen Überlegungen die gesamte Lebenssituation des Menschen umfassen, von der Weltpolitik als Friedenspolitik durch Gesellschaftsumwandlung und Frauenbefreiung über die Bedeutung von Bindung für die Entwicklung des Individuums bis hin zur geistig seelischen Vervollkommnung der Person.

Sie wird zu einer der einflussreichsten Autorinnen ihrer Zeit, auch über die Grenzen Schwedens hinaus. Ellen Key reist ausgiebig, entwickelt Freundschaften mit zahlreichen europäischen Intellektuellen und hält viele Vorträge im Ausland. Über ihre Thesen wird in der öffentlichen Debatte immer kontrovers diskutiert. „Werde, die du bist" heißt ihr Motto, und ihre „neue Ethik" und Sexualreform[25], bedroht für viele die Grundfesten der bürgerlichen Ordnung: Anerkennung von Lebensgemeinschaften ohne Ehe, Gleichstellung der unehelichen Kinder, Einführung einer staatlichen Mutterschaftsversicherung, Sexualaufklärung und Empfängnisverhütung. Dazu kommen ökonomische Unabhängigkeit und Gleichberechtigung der Frau, verbunden mit der Selbstbestimmung über den eigenen Körper und dem Recht auf „Freiheit und Liebe". Sie kritisiert u. a. die europäischen Frauenbewegungen als nicht radikal genug, um die sexuelle und politische Befreiung von Frauen erfolgreich voranzutreiben, sie provoziert mit ihren Ansichten über Sexualität und mit ihrer Religionskritik.

Zunächst durch die Landwirtschaftskrise in Schweden vollkommen verarmt und ihrer Heimat beraubt, verschaffen die hohen Auflagen ihrer Schriften im In- und Ausland ihr schließlich die nötigen Ressourcen, sich 1910 ein Haus am Vätternsee zu bauen. Sie nennt es *Strand,* wobei sie sich auf Verse von Johan Ludvig Runeberg bezieht:

Där livets hav oss gett en strand
Vår forntids land, vår framtids land.[26]

Das Gästebuch, jetzt in der Königlichen Bibliothek in Stockholm aufbewahrt, enthält etwa 4.000 Namen von Freunden und Gästen aus der ganzen Welt.

---

25 Der Bund Deutscher Frauenvereine wendet sich entschieden gegen (!) die „neue Ethik" und den 1905 von Helene Stöcker gegründeten „Bund für Mutterschutz und Sexualreform". In: Nave-Herz, R.: *Die Geschichte der Frauenbewegung in Deutschland.* 1988, S. 43 f.

26 Runeberg, Johan Ludvig (1804–1877), finnlandschwedischer Dichter; die zwei Verse entstammen dem Gedicht *Vårt land,* das zur Nationalhymne Finnlands wurde.

Keys literarisches Werk umfasst gegen Ende ihres Lebens mehr als vierzig Bücher und etwa 150 Zeitungs- und Zeitschriftenartikel.

Heute kennen nur wenige ihr Werk oder bringen ihren Namen in Verbindung mit Friedrich Nietzsche[27], Lou Andreas-Salomé[28], Rainer Maria Rilke, Martin Buber oder Stefan Zweig.

Obwohl schon Rilke die Pädagogin, Frauenrechtlerin, Literatur- und Kulturkritikerin 1902 als „Prophetin der Zukunft" lobt, beschränkt sich die Rezeption Keys in Deutschland heute vor allem auf ihre reformpädagogischen Ideen.[29] Wie viele pädagogische Neuerer (z. B. Fröbel, Montessori, Piaget) ist auch sie keine akademisch geschulte Pädagogin.

Erst am Ende des zwanzigsten Jahrhunderts beginnt man sich wieder an sie zu erinnern. Vor allem ihr Buch *Das Jahrhundert des Kindes* wird zu den wichtigsten pädagogischen Werken gezählt.

Ellen Key stirbt am 25. April 1926 in *Strand*. Ihr Grab befindet sich auf dem Kirchhof in Västervik, Schweden.

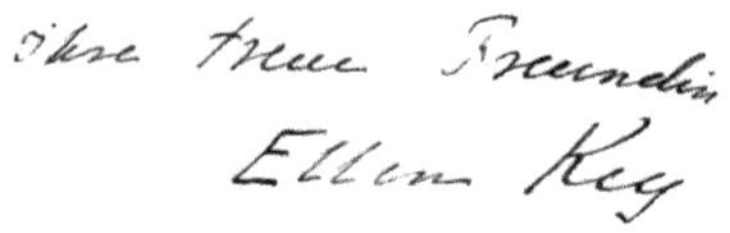

Brief aus STRAND, Alvastra,   Brief aus Wien, Kochgasse 8,
Schweden   Österreich

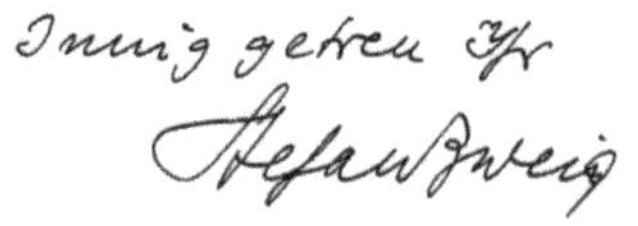

Abbildung 2: Unterschriften

---

27 Key, Ellen: *Nietzsche und Goethe*. In: Die Neue Rundschau (Freie Bühne, Neue Deutsche Rundschau). Berlin 1907, S. 385–404.

28 Andreas-Salomé, Lou (1861–1937), Schriftstellerin; Freundin von Rainer Maria Rilke und Ellen Key, zeitweise Mitarbeiterin von Sigmund Freud.

29 Vgl. Hansen, Margrit: Sustainable Development als Paradigma moderner Pädologie bei Ellen Key. Überlegungen zur nachhaltigen Entwicklung von Menschheit und Menschlichkeit durch neue Generationenverträge beider Geschlechter an der Wende vom 19. zum 20. Jahrhundert. Frankfurt/M., Bern, New York u.a. 2003, S. 191 ff.

SCHRIFTLICHE KOMMUNIKATION: STEFAN ZWEIG AN ELLEN KEY UND ELLEN KEY AN STEFAN ZWEIG

BIOGRAFISCHE ANMERKUNGEN

Im Jahre 1904, als der 23-jährige Stefan Zweig sich das erste Mal schriftlich an Ellen Key wendet, ist der junge Österreicher noch nahezu unbekannt. Die Schwedin, 1849 geboren, steht in Deutschland und in weiteren europäischen Ländern auf dem Höhepunkt ihrer spät begonnenen Karriere,

Mit ihrem beachtlichen internationalen Horizont und ihren vielen grenz-überschreitenden Kontakten tritt Key in Skandinavien, Deutschland und vielen anderen europäischen Ländern als Kulturvermittlerin auf, die die Zuhörerschaft mit reformpolitischen Ideen (Emanzipation der Frauen, Reform der Pädagogik) bekannt macht. Fast alle bisher in Schweden erschienenen Bücher sind in Europa und auch in den USA in die jeweiligen Landessprachen übersetzt worden und erreichen hohe Auflagen. Dies ist einer der Beweggründe für Key, im Jahre 1905 – die Korrespondenz mit Stefan Zweig hat gerade begonnen – mehrere große *föredragsresen* quer durch Europa zu unternehmen.

In diese Zeit, von 1904 – 1909, fällt der auch intensivste Teil der Korrespondenz zwischen Key und Zweig, ihr Briefwechsel setzt sich aber über die Kriegsjahre 1914 – 1918 hin fort und endet 1921.

Die hier veröffentlichten Briefe und Karten Stefan Zweigs an Ellen Key befinden sich in der Kungliga Biblioteket in Stockholm, die von Ellen Key an Stefan Zweig in der National Library of Israel, Jerusalem.

Der Briefwechsel ist unvollständig; beim Lesen ist erkennbar, dass eine größere Anzahl von Briefen oder Karten der Briefpartner verschollen ist. Darauf wird zum Teil hingewiesen; es erschließt sich oft auch aus dem Inhalt. Die hier transkribierte Korrespondenz wurde fortlaufend nummeriert.

Der Wortlaut der Briefe ist nicht verändert worden. Einrückungen wurden übernommen.

Die Deutsche Rechtschreibung hat sich seither immer wieder verändert, so dass Zweigs Interpunktion, Grammatik und Orthographie nicht als fehlerhaft anzusehen sind. Offensichtliche Flüchtigkeitsfehler wurden korrigiert.

Für Ellen Key ist das Deutsche eine Fremdsprache. Sie weiß natürlich darum, schreibt aber beherzt so, wie sie auch sprechen würde. Dabei ist klar zu erkennen, dass die schwedische Grammatik nur 3 Kasus kennt, Dativ und Akkusativ nicht trennt, sondern zu einem Objektfall vereinigt. Die schwierigen deutschen Regeln der Konjugation von Verben werden von Key häufig nicht eingehalten. Den Unterschied von ß, ss und s kennt die schwedische Sprache nicht, ebenso wenig die besonderen Regeln der Groß- und Kleinschreibung in der deutschen Rechtschreibung.

Der Wortlaut ist beibehalten worden um den Charakter ihres Ausdrucks nicht zu zerstören, auch wenn flüssiges Lesen und Verstehen dadurch ein wenig erschwert werden. Betonungen der Worte durch verschiedene Unterstreichungen, ein besonders häufiges Differenzierungsmittel bei Key, weniger bei Zweig, wurden übernommen.

Winkelklammern enthalten Ergänzungen des Herausgebers. Auf an den Rand geschriebene Zusätze der Briefschreiber, zur Ausnutzung des gesamten Briefbogens oder der Karte, wird kursiv geschrieben hingewiesen.

Gedruckte Ortsangaben (auf Briefbögen usw.) sind in Kapitälchen wiedergegeben.

ENTWICKLUNG DER KOMMUNIKATION IN IHRER ZEIT

Die Briefe, die der 23-jährige Stefan Zweig ab 1904 an Ellen Key schickt, beginnen verehrungsvoll, fast schüchtern und gelangen schließlich zu einem „privateren Tonfall", auch wenn es nicht zum „Du" kommt, wie beispielsweise fast zeitgleich zwischen Rainer Maria Rilke und Key[30]. In den ersten Jahren der Korrespondenz nimmt Zweig die Rolle eines Schülers und Verehrers der Schriftstellerin ein. Er wagt es, ihr eines seiner Werke „in die Hand" zu legen und erzählt ihr von seinen Stimmungen und seinen Plänen, von seinen Reiseerlebnissen, von politischen Ereignissen in Mitteleuropa. Von Key empfängt er eine freundliche Anteilnahme, Ermutigung und Rat. Ausführlich lässt sich Zweig über sein eigenes Schaffen sowie über die Werke befreundeter Autoren aus. Schon bald (3. Brief, Nov./Dez. 1904) bittet er um eine Porträtfotografie, die er auch prompt erhält.

Erstaunlich für den Leser ist auf den ersten Blick, wie es Key schon in ihrer ersten Antwort gelingt, mit unbeholfenem Deutsch Vertrauen und Nähe aufzubauen. Ihre Kurzrezension von *Die Liebe der Erika Ewald* enthält Wertschätzung und Ermunterung zugleich. Sie wird vermischt mit persönlichen Bekundungen und praktischen Aufforderungen, Kontakte zu knüpfen. Typisch für Key ist auch hier, dass sie junge Menschen, die ihr schreiben, zur Begegnung mit Persönlichkeiten ermutigt, die sie selbst schätzt. Key übernimmt, wie es in ihrer Korrespondenz häufig zu beobachten ist, die Rolle der Beraterin, Förderin bis hin zur Wahlmutter.

Zweig empfindet ihre erste Antwort dann auch als persönlichen Zuspruch und ihm ist sehr daran gelegen, das „verehrte Fräulein Key" auch persönlich kennen zu lernen.

Obwohl beide sich noch nie gesehen haben, bekennt Zweig voller Vertrauen (16. Brief, April 1906): „Denn ich hätte viel, unendlich viel mit Ihnen zu sprechen: manches vielleicht, das ich zu keinem anderen sagen könnte."

---

30 Vgl. Fiedler, Theodore: *Rainer Maria Rilke. Ellen Key. Ein Briefwechsel.* Frankfurt a. M. 1993, S. 4: Am 6. 9.1902 bittet Rilke in einem ersten Brief an Key um Rat und die Übermittlung eines hülfreichen Menschen" der sich um die noch nicht einjährige Tochter Ruth kümmern könnte, damit beide Eltern (Rilke nennt allerdings nur Frau Clara) ihrer künstlerischen Ausbildung und Tätigkeit nachgehen könnten, mit „ungetheilter Kraft".

Auch Key wünscht ein persönliches Kennenlernen. Doch zunächst kreuzen sich beider Reiserouten durch Europa, ohne dass es zu einer Begegnung kommt. Key hat bis zu diesem Zeitpunkt schon etliche Reisen unternommen, die sie in die viele europäische Länder führten.

In den Jahren von 1905 bis 1909 hat sie drei längere Vortragsreisen geplant, die sie durch ganz Europa führen werden. Sie folgt den Einladungen verschiedenster Organisationen und hält Vorträge in über zwanzig Städten Mitteleuropas[31]. Ihre Eloquenz und die Fähigkeit, durch Vorträge ihr Publikum zu ergreifen, tragen zur Popularität vor allem unter Europas jungen Frauen bei.

Diese Zeiten sind ihre erfolgreichsten und glücklichsten Zeiten im Ausland, nachdem sie ihre schwedische Heimat fast fluchtartig verlassen hat.

Ihr elterliches Heim ist verloren, auch ihre Wohnung in Stockholm wurde aufgegeben. Sie fühlt sich in Schweden zu dieser Zeit nicht nur heimatlos, sondern auch missverstanden und verfemt.[32] In der Presse wird sie hart bedrängt und kritisiert, so dass sie es vorzieht einige Jahre in ein so genanntes freiwilliges Exil (landsflykt) zu gehen.

Die vergeblichen Versuche, ein Zusammentreffen zu vereinbaren, zeigen heute exemplarisch, wie schwer es damals ist, miteinander in Kontakt zu treten und Kontakte aufrechtzuerhalten. Briefe müssen von verschiedenen Orten zu verschiedenen Adressen, oft auch postlagernd, abgesandt werden.

Gegenwärtig sind die Schwierigkeiten, soziale Beziehungen mit Hilfe der von Briefkontakten aufrechtzuerhalten, kaum noch nachvollziehbar. Man muss sich auch vergegenwärtigen, dass ein Telefonnetz, wie wir es heute kennen, noch nicht existiert. Für sehr eilige Nachrichten gibt es das teure Telegramm.

Eisenbahnverbindungen und Schiffsrouten sind für längere Entfernungen die normalen Reisemöglichkeiten, doch diese Verkehrsmittel müssen meist im Voraus gebucht werden. Motorisierter Individualverkehr ist für weite Reisen kaum üblich und nur in größeren Städten möglich.

Zweig und Key sind jedoch bestrebt, ihre Freundschaft auch über längere Zeit und weit voneinander entfernt mit Hilfe der schriftlichen Kommunikation zu aufrechtzuerhalten. Sie ist den beiden Briefschreibern sehr wichtig.

---

31 Ellen Key spricht u.a. über Kindererziehung und Frauenrechte.

32 Strindberg, August (1849–1912), schwedischer Schriftsteller, in ganz Europa als „Frauenfeind" bekannt, richtet seine Kritik vor allem auf gebildete Frauen und macht Ellen Key in *Schwarze Fahnen* verächtlich, indem er sie als *Hanna Paj* karikiert und als Homosexuelle darstellt. Seine Anfeindungen richten sich auch gegen Sofja Kowalewskaja (1850–1891), erste Mathematikprofessorin in Stockholm und Freundin Ellen Keys.

Die Briefpartner zeigen sich in ihrem zeitversetzten Gespräch politisch und kulturell gut informiert. Key offenbart sich gleichzeitig als fürsorgliche und leidenschaftlich Aktive mit einem Engagement, das sich bis zu pathetischen Äußerungen steigern kann. Ihr Stil leugnet seine Herkunft aus dem politischen Journalismus nicht.

Voraussetzung für die Bereitschaft, das Mitgeteilte aufzunehmen, ist für beide die Herstellung einer persönlichen Beziehung.

Der Blick auf den zeitlichen Verlauf ihres Briefwechsels zeigt, wie immer wieder versucht wird, die verschiedenen Reisewege zusammenzuführen. Die heute kaum mehr vorstellbaren Probleme, sich zu verabreden und zusammenzutreffen, werden dadurch illustriert.

Deshalb werden hier auch, sofern ermittelbar, die Adressangaben auf Umschlägen und Karten vermerkt.

Nachdem der erste Kontakt Zweigs 1904 von Wien nach Oby/Schweden (Adresse von Keys Bruder) hergestellt ist, folgt sein nächster Brief aus Paris.

Key hat für 1905 ihre erste Vortragsreise geplant und besucht viele Städte in Deutschland, in der Schweiz und in Österreich-Ungarn.

Im Mai 1905 stehen bei Key die Niederlande und Belgien und schließlich Paris auf dem Programm.

Zweig ist zwar gerade in Paris (5. Brief, 1905), wo er auf Empfehlung Keys Johann Bojer kennenlernt, – doch diese Stadt gehört erst später zu Keys Reisezielen.

In Wien (7. Brief, Juli 1905) ist Key schon im April gewesen, im August erreicht sie ein Brief aus Tirano (9. Brief, 1905), da Zweig gerade Norditalien besucht. Er berichtet ihr von seinen neuen Vorhaben, vor allem von dem Drama *Thersites*[33]. Doch da weilt Key schon wieder in Schweden.

Im November (11. Brief, 1905) hofft Zweig auf ein Treffen in Paris oder in Norwegen. Er dankt ihr begeistert für ihre beiden Bücher *Liebe und Ethik*[34] und einen Essay über *Verhaeren*[35].

Im April 1906 spricht Zweig von seinen Reiseplänen nach Belgien, während Key gerade ihre zweite große Vortragsreise durch Europa plant. Jetzt hofft man sich zu sehen.

---

33 Zweig, Stefan: *Tersites. Ein Trauerspiel.* Leipzig 1907.
34 Key, Ellen: *Liebe und Ethik.* Übertragung von Francis Maro. Berlin 1905.
35 Key, Ellen: *Aus fremden Zungen.* Berlin 1905.

Keys Reise beginnt im April 1906, die erste Station ist Kopenhagen. Es folgt Deutschland mit acht Städten, dann steht Frankreich mit Paris auf dem Programm. Zweig bereitet gerade für Ende April eine dreimonatige Englandreise vor; er verweist auf Pläne, Paris und vielleicht Skandinavien zu besuchen.

Eine Begegnung kommt aber nicht zustande, was beide sehr bedauern. Zweig schlägt sogar vor, seinen Reiseplan gänzlich zu ändern, falls es Key möglich sein sollte nach Brüssel zu kommen. Key ihrerseits meint, er solle doch von London kurz zu einem gemeinsamen Treffen nach Paris kommen (16. und 17. Brief, 1906).

Im Juni 1906 trifft Key, über Bremen kommend, in Paris ein, sie besucht das Ehepaar Verhaeren und auch Rodin in seiner Werkstatt. Eine Verabredung mit dem Dichter Rainer Maria Rilke, der zu dieser Zeit als Sekretär bei Rodin arbeitet, findet statt. Doch die intensive Verbundenheit und Freundschaft zwischen Key und Rilke, dokumentiert in einem jahrelangen und regen Briefwechsel[36], lockert sich.

Keys Route geht weiter nach München, dort forscht sie über Rahel Varnhagen[37] und besucht Freunde[38] in Bayern und in der Schweiz.

Zweig verbringt etwa drei Monate in London, wo er sich Inspiration durch die englische Kultur sowie neue Kontakte erhofft. In einem Brief an Key (19. Brief, 1906) klingt Enttäuschung über London an. Doch er lernt auch zahlreiche Künstler und viele interessante Persönlichkeiten kennen, z. B. den englischen Dichter Arthur William Symons[39] und den irischen Dichter und Dramatiker William Butler Yeats[40], darüber hinaus macht er Ausflüge nach Oxford, York und Oban in Schottland.

Key bemüht sich weiterhin, ihn mit einflussreichen Persönlichkeiten bekannt zu machen (20. Brief, 1906). Sie verwendet dazu im Allgemeinen beigelegte Visitenkarten mit kurzen Grüßen.[41]

---

36 Fiedler, Th. (Hrg.): *Rainer Maria Rilke /Ellen Key. Briefwechsel.* Frankfurt a. M. 1993.
37 Key, Ellen: Rahel. Eine biographische Skizze. Leipzig 1907.
38 *Freunde in Bayern:* Julia von Vollmar, geb. Kjellberg, eine Jugendfreundin Keys und Frau des deutschen Sozialdemokraten Georg von Vollmar.
39 Symons, Arthur (1865–1945), englischer Lyriker und Kritiker.
40 Yeats, William Butler (1865–1939), irischer Dichter, erhält 1923 den Literaturnobelpreis.
41 Die Karte an Sir Edmund William Gosse 1849–1928), einem englischen Autor und Kritiker, ist vermutlich erhalten geblieben, weil Zweig nicht zu einem Besuch kommt. Gosse ist bekannt mit Hans Christian Andersen und fördert Henrik Ibsen und Björnstjerne Björnson durch Rezensionen in England.

Ein Treffen mit Zweig ist daher – trotz des intensiven Bemühens – immer noch nicht zustande gekommen, da Keys festgelegte Reisewege und Zweigs längerer Aufenthalt in England dies verhindert haben.

Als Zweig im August nach Wien zurückgekehrt ist, legt Key gerade eine Pause in der Schweiz ein, bei Auguste Forel[42], einem ihrer Gastgeber während dieser Vortragsreise.

In den letzten Wochen des Septembers 1906 begibt Key sich auf eine Wanderung durch die Schweiz nach Italien. Diese Reise führt vom Comer See über den Gardasee bis nach Venedig.

Zweig grüßt aus Wien und bezeichnet es als „eine der liebsten Hoffnungen meines Lebens", dass sich ein gemeinsames Gespräch bald ergeben möge (23. Brief, 1906).

Über Venedig reist Key nach Triest, nahe bei Fiume (heute Rijeka). Dort wohnt sie bis Dezember bei Familie Frankfurter[43] um ihren Geburtstag am 11.12.1906 zu feiern. Anschließend schifft sie sich nach Palermo ein (24. Karte, 1906) und verbringt Weihnachten auf See.

Die ersten Tage des Jahres 1907 verlebt sie in Syrakus, dann folgt im März 1907 ein Aufenthalt in der Villa Discopoli auf Capri, wo sie mit Maxim Gorki[44] und mit Rainer Maria Rilke zusammentrifft.

Die nächsten Ziele sind Rom, Assisi, Florenz und Volterra. Im September hält sich Key in Bagni di Lucca auf.

Zweig hat zwar versucht ihre Reisewege zu verfolgen, doch für das erste Halbjahr 1907 fehlen Briefe und Karten. Erst von Juli 1907 existiert ein längerer Brief von Stefan Zweig aus Wien. Er hat inzwischen in Wien eine neue Adresse; er wohnt nicht länger I. Rathausstrasse 17, Wien I., sondern nun in der Kochgasse 8[45]. Dort hat er seit Februar 1907 seine erste kleine Wohnung gemietet.

---

42 Forel, August 1848 – 1931), Psychiater, Hirnforscher, Philosoph und Sozialreformer, schreibt 1904 das Standardwerk der Psychiatrie: *Die sexuelle Frage* und tritt für die Enttabuisierung des Sexuallebens und die Gleichberechtigung der Frau ein.

43 Frankfurter, Ella (1872–1957?), geb. Guttmann, österreichische Malerin jüdischen Glaubens, in Italien und Wien lebend, enge Freundin und Gastgeberin Ellen Keys.

44 Gorki, Maxim (1868–1930), russischer Schriftsteller, Dramatiker und politischer Aktivist.

45 *Kochgasse 8*: Über diese neue Wohnung schreibt Stefan Zweig in der *Welt von Gestern*: „Bewusst wollte ich vermeiden, mich in Wien festzuwohnen und dadurch sentimentalisch an einen bestimmten Ort gebunden zu sein" Frankfurt a.M. 1999, S. 190.

Da Key noch an die alte Adresse geschrieben hat und selbst in Norditalien herumreist, gibt es einige Schwierigkeiten eine Zusammenkunft zu verabreden. Mehrere Karten und Briefe werden gewechselt, nicht alle sind erhalten. Endlich, im Herbst 1907 treffen sich Zweig und Key in Norditalien. Bagni di Lucca und Rom sind Begegnungsorte, die bei beiden einen bleibenden Eindruck hinterlassen.

Die Briefe und Karten von Key an Zweig haben danach einen privateren, heiteren und vertrauten, manchmal fast ausgelassenen Tonfall (33. Karte, 1907).

Stefan Zweig schickt ihr immer noch kein Bild von sich, sondern ein „Männliches Bildnis". Anlass ist Keys Geburtstag am 11. Dezember, den sie mit Freunden in Berlin feiert. Obwohl über Wien reisend, hat sie Zweig dort nicht treffen können.[46]

Weihnachten ist sie wieder in Skandinavien – noch immer ohne eigenes Zuhause.

Die nächste „Sommerreise" im Jahre 1908 führt Key über Berlin und München wieder nach Italien. In Berlin ist sie von Martin Buber[47] gebeten worden, für die in München veröffentlichte deutsche Schriftenreihe *Die Gesellschaft* eine sozialpsychologische Studie über die *Frauenbewegung* zu verfassen. Buber meint, dass sie die Einzige sei, die dafür in Frage käme. Key erklärt sich dazu bereit.

Zweig verzichtet darauf, für zwei Tage nach Berlin zu kommen, er meint, sie sei im April so umdrängt gewesen (38. Brief, 1908). Key protestiert: Wie schön, wenn Sie käme!! Ich bleibe noch Ostern hier! Gar kein „Strudel"! (39. Brief, 1908).

Dann führt eine Stimmbandentzündung, bedingt durch viele Vorträge, zu einer dreiwöchigen „Auszeit" mit einer Kur in Bad Ems (40. Brief, 1908). Sie reist anschließend entlang des Rheins über Köln, besucht Göttingen, Jena, Weimar und Berlin, kehrt jedoch im August 1908 nach Schweden zurück, wo sie endlich ihren Bauplatz an der Westküste von Skåne besichtigen kann.

Ein Brief von Zweig erreicht sie zu spät, der sonst über Köln nach Belgien gefahren wäre, wo er Verhaeren besucht (42. Brief, 1908).

---

46 Vgl. Brief von Key an Rilke vom 12.1.08: „Stefan Zweig *glaubte* du wollte wieder nach Capri? Wir gingen und hofften auf dir in *Rom* in November". In: Fiedler Th.: *Briefwechsel*. Frankfurt a. M. 1993, S. 208.

47 Buber, Martin (1878–1965), Religionsphilosoph, Schriftsteller und Verleger, steht Key philosophisch nahe, da für ihn der zentrale Gegenstand weder das Individuum noch das Kollektiv ist, sondern der Mensch mit dem Menschen in seinen Beziehungsmöglichkeiten. Vor allem teilt Key seine Auffassung, dass nur in der lebendigen Beziehung die Wesenheit des Menschen unmittelbar zu erkennen ist, im „dialogischen Prinzip", mit dem Buber das ideale Verhältnis der Menschen zueinander beschreibt.

Key ist zu dieser Zeit bereits in Göttingen bei Lou Andreas-Salomé, danach in Schweden.

Doch bereits im November 1908 geht es von Schweden nach Süden: Bendes St. Legier sur Vevey am Genfer See ist das Ziel, zum einen des Klimas wegen, aber auch, um endlich Martin Bubers Auftrag auszuführen: „Lieber M. B., nun bin ich in „Kloster" gegangen um die Frauenbewegung zu schreiben! Aber bitte sende mir ein Buch aus Die Gesellschaft von die Grösse welche Sie wünschen? Simmel, Gurlitt, Landauer habe ich, aber – in Schweden vergessen."[48]

Zweig tritt zu dieser Zeit, bis April 1909, seine fünfmonatige Reise nach Ceylon, Gwalior, Kalkutta. Benares, Rangun und Hinterindien an. „Ach Indien – dass nur nicht die Schlangen und Tiger Ihnen was anthun!" schreibt Key (43. Brief, 1908).

Er möchte ihr sehr gern von den exotischen Ländern berichten, doch er sieht keine Möglichkeit für ein zeitnahes Treffen.

In den letzten Märztagen 1909 erhält Buber von Key Die Frauenbewegung als Band 28/29 in seiner Reihe Die Gesellschaft[49], bereits übersetzt von Marie Franzos (45. Brief 1909). Nach Besuchen bei Freunden in Italien und in Frankreich, wobei sie in Paris einen gefeierten Vortrag für die französische Frauenbewegung hält, geht es über Deutschland (Göttingen, Berlin) Mitte Juli 1909 nach Schweden zurück, um im Dezember dort den 60-sten Geburtstag zu feiern.

Zweig schreibt aus diesem Anlass: „… Will Ihnen danken, dass Sie so sind, wie Sie sind, dass Sie immer zu mir gut waren und dass das Schicksal zu mir gut war, als es meinen Weg den Ihren kreuzen liess. Zusammen dürfen sie leider nicht gehen, die beiden Wege: Sie haben ein Leben lang schon Grosses getan, ich hab meinen Teil erst zu tun" (48. Brief, 1909).

Und gleich im nächsten Jahr zieht es ihn in die Vereinigten Staaten, nach Kanada, Kuba und Puertorico. Schon 1909 hat Zweig in seinem Brief an Key bekannt, dass er sich nirgends ganz zu Hause fühlt. Doch damals heißt es noch zuversichtlich: „Noch ist die Welt meine Heimat. In zwei Jahren will ich nach Japan und China, dann zurück über Russland. Mir ist, ich könnte nicht sterben, ehe ich nicht die ganze Erde kenne" (46. Brief, 1909).

---

48 Brief von Ellen Key an Martin Buber aus Bendes Saint Légier vom14.11.08; Briefe von Ellen Key an Martin Buber, Archiv der Universität Jerusalem. Sammlung der Jüdischen National- und Universitätsbibliothek.

49 Buber bittet Ellen Key1908 um einen Beitrag für seine berühmte Schriftenreihe Die Gesellschaft. Zu dieser Reihe gehören Essays von Georg Simmel Die Religion, Werner Sombart Das Proletariat. In dieser 36-bändigen Sammlung gibt es nur zwei Autorinnen: Ellen Key und Lou Andreas-Salomé.

Im Jahre 1910 kann Key mit 61 Jahren endlich den Einzug in ihr eigenes Zuhause[50] feiern, was sie Zweig auch freudig mitteilt (51. Brief, 1910).

Ihr Reiseleben, ihre „Landflucht" endet, sie findet eine Heimstatt im Land ihrer Geburt und Muttersprache. Zweig wird herzlichst und mit detaillierter Anreisebeschreibung eingeladen.

Ein Besuch ergibt sich daraus jedoch nicht. „Lieber Stefan Zweig, wann kommen Sie nach Schweden?!?!?!" schreibt Key (52. Brief 1911).

Das Treffen von Zweig und Key in Italien bleibt die einzige persönliche Begegnung.

Die späteren, ab 1911 in größeren Abständen geschriebenen Briefe offenbaren deutlich, dass beide einen Spaltung Europas ahnen und fürchten. Aber erst der Ausbruch des Ersten Weltkrieges führt zu einer Wiederbelebung der Korrespondenz.

Key wird als europäische Schriftstellerin vom Ausbruch des Ersten Weltkriegs nicht nur in ihren Veröffentlichungsmöglichkeiten eingeschränkt und wirtschaftlich getroffen. Es gibt eine Pressezensur, (55/56. Brief, 1915) sowie eine Briefzensur, die auch Zweig wahrnimmt, als er Anfang 1915 keine Briefe mehr von Rolland aus der Schweiz empfängt[51]. Dass Key mit den gleichen Schwierigkeiten zu kämpfen hat, ist ihm zunächst gar nicht klar. Von 1914 an und sich langsam steigernd bleibt die Tatsache, dass Key als Schwedin für die Feinde Deutschlands Partei ergriffen hat, dort unvergessen.[52]

Zweig appelliert immer eindringlicher, Key möge ihren Einfluss stärker einbringen, erwartet zum Teil intensiveren Einsatz.

Key ist aber in Deutschland nicht mehr nur die *femme fatale*, die trotz zorniger Reaktionen der Kirchen Gedanken von Empfängnisverhütung und „freier Liebe" vertritt, nun gibt es weitere Vorbehalte.

Vor dem Weltkrieg warnt das konservative Lager in Deutschland vor Key mit dem Appell: „Bürger schützt eure Töchter vor Ellen Key", doch nach Beginn des Krieges betrachtet man Key zusätzlich als *undeutsch* und *pazifistisch*. Diese Adjektive gelten, ebenso wie *international* oder *sozialistisch*, als Schimpfworte.

---

50 Rasmussen, Yngve, Ehemann ihrer Schwester Hedda und Architekt, entwirft das Haus *Strand*.

51 Zweig in einem Brief an Arthur Schnitzler am 16.01.1915. In: Stefan Zweig Briefe 1914–1919. Frankfurt a. M. 1998, S. 50.

52 Der *Simplicissimus* bringt am 27. April 1915 auf S. 47 eine „ordinäre Caricatur"von Ellen Key mit 2 Bildern. Text: „Die Stimme des Herzens oder Ellen Key hat gewählt: … für denjenigen, der wie ich den germanischen Geist im deutschen Volke liebe, ist Potsdam der gefährliche Feind, nicht Moskau."

Deutschsprachige Neuveröffentlichungen gibt es nach 1914 eingeschränkt in Wien, sonst nur in Zürich und Bern.[53]

Im Juli 1915 unternimmt Zweig dienstlich eine etwa zehntägige Reise nach Galizien, das nach russischer Besatzung von den Mittelmächten zurückerobert worden ist. Die erste unmittelbare Begegnung mit dem Kriegsgeschehen ist für ihn ein Schlüsselerlebnis, insbesondere eine Fahrt im Lazarettzug. Zweig ist danach zutiefst überzeugt, dass der Krieg eine humanitäre Katastrophe ist, ein Verbrechen gegen die Menschlichkeit.

Schon während des Krieges machen die Briefe Zweigs an Key und umgekehrt deutlich, dass beide die gemeinsame Einheit der europäischen Intellektuellen zerbrechen sehen, dass Resignation bis hin zur Verzweiflung Raum gewinnen.[54] Zweig äußert sich ebenso wie Key hellsichtig über den Nationalismus, besonders über den deutschen (59. Brief, 1915).

Schwer trifft Zweig das Verhalten von Verhaeren[55], an dem er mit großer Verehrung hängt (60. Brief, 1916).

Er hatte sich gewünscht, Verhaeren möge „nur Tatsachen dem Vers und damit Dauer" geben. Doch dieser schreibt in bildhafter Sprache über „germanische Gräueltaten": Vergewaltigte Jungfrauen, abgeschnittene Frauenbrüste, abgetrennte Kinderfüße in den Taschen der deutschen Soldaten[56].

Kurz darauf, im November 1916, verunglückt Verhaeren in der französischen Stadt Rouen tödlich und stirbt mit 61 Jahren.

Der Verlust dieses Freundes ist für Zweig schwer zu verkraften. Trotz des Zerwürfnisses schreibt Zweig 1917 seine *Erinnerungen an Emile Verhaeren*, die 1931 ins Französische übersetzt werden.

---

53 Dazu gehören: *Kriget, fredom och framtiden*. Lund 1914; *Minnen av och om Emil Key. I – III*. Stockholm 1915–1917; *Allsegraren I. Kvinnornas under väldskriget*. Stockholm 1918; *Två föregångskvinnor i kriget mot kriget*. Stockholm 1918; *Kvinnornas del i moralens utveckling I-II*. Stockholm 1920; *Allsegraren II*. Stockholm 1924.

54 Zweig schreibt einen Artikel *An die Freunde in Fremdland*, der am 19. September 1914 im Berliner Tageblatt erscheint.

55 Aus dem Pazifisten wird im Verlauf des Krieges ein militanter Nationalist, der z. B. in seinen Gedichtbänden *La Belgique sanglante* (1915) *Les ailes rouges de la Belgiques* (1916) oder *Les flammes hautes* (1917 Hasstiraden gegen alles Deutsche formuliert.

56 Ellen Key an Rainer Maria Rilke und Lou Andreas-Salomé am 5.4.1915: "Es ist wahr: mit Deutschen und Franzosen und Engländer ist nicht mehr zu reden. Sie sind nur *Hassende* nicht mehr denkende Wesen. Romain Rolland und Stefan Zweig sind *schöne* Ausnahmen. In: Fiedler, Th. (Hrsg.): *Rainer Maria Rilke/Ellen Key. Briefwechsel*. Frankfurt a. M. 1993, S. 236.

In diesem Jahr erwähnt er in seinem Brief an Key sowohl *Jeremias*.[57] Eine dramatische Dichtung in neun Bildern (64. Brief, 1917) als auch die *Erinnerungen an Emile Verhaeren*.

Im November 1917 wird ihm eine zweimonatige Beurlaubung vom Militärdienst zu Vorträgen in der Schweiz genehmigt. Zweig reist in Begleitung von Friderike von Winternitz nach Zürich, wo unter der Regie von Max Reinhardt der *Jeremias* geprobt wird. Die Premiere des Theaterstücks findet am Stadttheater in Zürich am 27. Februar statt. Zweig übersetzt Romain Rollands[58] Roman *Clerambault* und sein Theaterstück *Die Zeit wird kommen*. Er wohnt für einige Monate im Hotel Belvoir, Rüschlikon bei Zürich (66. Brief, 1918).

Wie Key 1908/9 sucht Zweig jetzt ebenfalls nach einer Heimstätte und erwirbt zusammen mit Friderike von Winternitz ein Haus in Salzburg. Der Kauf erfolgt schon 1917, doch Zweig kehrt erst Ende März 1919 nach Österreich zurück und kann im Mai in das Haus am Kapuzinerberg 5 in Salzburg übersiedeln. Die Eheschließung mit Friderike von Winternitz im Wiener Rathaus erfolgt wegen konfessioneller Schwierigkeiten erst Anfang 1920.

Ellen Key feiert 1919 ihren 70. Geburtstag: „Ist es möglich: mir dünkt es gestern, dass ich Sie zu Ihrem sechzigsten Geburtstag beglückwünschte und ach welches Chaos und wie viel Blut in diesen zehn Jahren!"(67. Brief, 1919), schreibt Zweig an sie.

Zweig hat Key schon zum 60. Geburtstag beschworen, eine Autobiografie zu verfassen, doch dazu ist es nicht gekommen. Eines ihrer letzten größeren Werke ist die Biografie über ihren Vater Emil Key. Sie erscheint nicht in Deutschland.[59]

Im Gegensatz zu Key, um die es stiller wird, beginnt nun nach Kriegsende Zweigs eigentliche Karriere als Schriftsteller. Auch beträchtlicher wirtschaftlicher Erfolg stellt sich ein.

Dennoch, zu Beginn der 20er Jahre, weichen wiederkehrende Zuversicht und Hoffnung mehr und mehr einer düsteren Vorahnung und Traurigkeit.

57 Zweig, Stefan: *Jeremias*. Eine dramatische Dichtung in neun Bildern. Leipzig 1917.
58 1926 erscheint, von Stefan Zweig, Maxim Gorki und Georges Duhamel herausgegeben, im Rotapfel-Verlag Zürich und Leipzig das *Liber amicorum Romain Rolland*. Die Herausgeber haben ausgewählte Persönlichkeiten Europas um Beiträge gebeten, u. a. Hermann Bahr, Léon Bazalgette, Georg Brandes, Ernst Robert Curtius, Albert Einstein, Auguste Forel, Sigmund Freud, Mahatma Gandhi, Maxim Gorki, Hermann Hesse, Ellen Key, Anette Kolb, Selma Lagerlöf, Tomas Masaryk, Frans Masereel, Albert Schweitzer, Upton Sinclair, Rabindranath Tagore, Ernst Toller, Miguel de Unamuno.
59 Key, Ellen: *Minnen av och om Emil Key I – III*. Stockholm 1915–1917.

Zweig und Key schreiben sich in immer größeren Abständen. Zweig erzählt ihr von seiner Eheschließung, von seiner Frau und ihrem 1919 erschienenen Roman *Vögelchen*, den auch Key schon gelesen hat, ohne zu wissen, dass Frau v. Winternitz Zweigs Gefährtin ist.

In den letzten erhaltenen Briefen 1920/21 redet Zweig seine Briefpartnerin nicht mehr mit „Liebe verehrte Ellen Key" an, sondern bezeichnet sie als „liebe Freundin"; Key redet ihn mit „lieber Freund" an.

Der Briefwechsel zwischen ihnen endet 1921[60], d. h. es sind keine weiteren Briefe auffindbar, obwohl ein Kontakt über die gemeinsame Lebenszeit bis 1926 noch mit Einschränkungen möglich gewesen sein könnte.

Ellen Keys Bemühungen für den Frieden und die Versöhnung in Europa werden weder in diesem Zusammenhang noch in einer anderen Weise wirksam. Sie schließt noch ihre Arbeit *Allsegraren I und II* ab, in der sie ihre Zukunftshoffnungen, wenn auch weniger optimistisch als zuvor, dokumentiert.

Doch in den Jahren ab 1920 erleidet Key mehrere Hirnblutungen und gute Freunde berichten über den sich verschlechternden Gesundheitszustand.

Aber ihr Engagement ist nicht ganz vergessen: 1925 wendet sich die Internationale der Kriegsdienstgegner (War Resisters International) durch Vermittlung Martin Bubers an die berühmte Schwedin und lässt anfragen, ob Key ein Manifest der „Internationale der Kriegsdienstgegner" gegen den Krieg mitunterzeichnen würde, weil ihre Unterschrift zusammen mit anderen wohlbekannten Personen aus unterschiedlichen Ländern diesem Manifest Gewicht verleihen würde.[61]

---

60 Der langjährige Briefwechsel zwischen Ellen Key und Rainer Maria Rilke endet ebenfalls im November 1921. Vgl.: Fiedler, Th. (Hrsg.): *Rainer Maria Rilke/Ellen Key. Briefwechsel.* Frankfurt a. M. 1993, S. 242 ff. Fiedler vermutet, dass Rilke auch danach mit Key brieflich in Verbindung bleibt.

61 Baillie-Weaver, Harold (1860–1926) lässt am 5. April 1925 in einem zweiseitigen Brief an die „Hochverehrte gnädige Frau" anfragen. Martin Buber, Albert Einstein aus Deutschland, General Verraux, George Duhamel aus Frankreich, H.G. Wells, Professor Gilbert Murray, Philipp Snowden M.P., Hr. Bertrand Russell aus England sind schon Mitunterzeichner. Man ist überzeugt, dass Keys Name einen großen Wert für dieses Manifest haben würde. Brief in der National Library of Israel, Jerusalem, Archiv Martin Buber.

Im April 1926 verstirbt sie in ihrem Haus *Strand* am Vätternsee. Ein Nachruf von Selma Lagerlöf[62] erscheint in vielen Zeitungen Europas.

Andere Kräfte erstarken. Schon im Februar 1925, ein Jahr vor ihrem Tod, hat Adolf Hitler in Deutschland die Führung der NSDAP übernommen.

In deutschsprachigen Raum ist Keys Werk bis auf das *Jahrhundert des Kindes* schon nicht mehr präsent – und der bald folgende Zweite Weltkrieg tut ein Übriges.

Stefan Zweig kann sich im Gegensatz dazu ab 1920 zu den bedeutenden deutschsprachigen Autoren zählen; sowohl als Übersetzer als auch als Essayist, Dramatiker und Erzähler hat er sich einen Namen gemacht. Beispiele: *Baumeister der Welt Band 1* (1920), *Marceline Desbordes-Valmore: Das Lebensbild einer Dichterin* (1920), *Frans Masereel* (1923), *Baumeister der Welt, Band 2* (1925)

Die bekanntesten Werke Stefan Zweigs entstehen jedoch größtenteils erst ab 1926, dem Todesjahr von Ellen Key.

---

62 Lagerlöf, Selma: *Eine ungekrönte Königin.* In: Hansen, Margrit: *Neues Licht auf Ellen Key.* Frankfurt a.M. 2017, S. 21.

DIE BRIEFE

Stefan Zweig und Ellen Key etwa um 1903/4,
zu Beginn ihres Briefwechsels

Abbildung 3: Zwei Porträts

BRIEFWECHSEL VON 1904–1911

1. BRIEF – ZWEIG AN KEY

Wien, I. Rathausstraße 17   1904

Verehrtes Fräulein,

ich lege mein soeben erschienenes Novellenbuch „Die Liebe der Erika Ewald"
in Ihre Hände. Es soll Ihnen bescheidene Nachricht geben, von der großen Verehrung, die stumm in mir die Gelegenheit erwartete, zu Ihnen zu gelangen. Sie
machen mich stolz, wenn Sie es lesen; und Sie beglücken mich, wenn Sie diese
Stunden dann nicht zu den verlorenen zählen.

getreu und ergebenst
Stefan Zweig

2. Brief – Key an Zweig

Oby Alvesta[63]
3/11 1904

Verehrter Herr!

Mit wahrer Freude habe ich Ihren Buch gelesen. Die drei ersten Novellen waren durch psychische Inhalt wie durch Darstellung hervorragend. Die vierte war als Stoff sehr fein <u>gefunden</u> und <u>empfunden</u> aber viel zu <u>lang</u> um zu wirken in ihre volle Anmuth – wie ein Veilchenstrauss in ein meterhohes Glas!!
Aber in die Geschichte von Ester wie Erika ist mir das Kenntnis der Weibseele <u>auffallend</u> gewesen – Sie müssen eine <u>sehr</u> zarte Frau sehr nahe gestanden! Es ist mir über alles lieb, daß die Männer von Heute die Frauen zu <u>*verstehen*</u> begonnen haben! Dann wird die Welt schön werden.
<u>Anbeten</u>, <u>erobern</u>, <u>unterdrücken</u> – das sind leider die drei Stationen der Männerliebe gewesen!
Kennen Sie Rainer Maria Rilke? <u>Er</u> versteht auch die Frauen-Seelen. Ich möchte <u>Sie</u> in Beziehung mit eine junge Dame bringen, welche mir schrieb „Nur <u>ein</u> Mann, Rilke, verstand die Mädchen Seele" (In Mir zur Feier)[64]
Ich wollte Sie schrieben an Sie (und Sie sagte <u>ich</u> hätte es gesagt) und sandte <u>Erika Ewald</u> und sagte <u>warum</u>. Sie ist ein herrliches Geschöpf. Ihr Name: Eva Solmitz 2 Friedrich Wilhelmstraße <u>Berlin</u>.[65] Über Rilke habe ich ein Essay geschrieben ich werde da auch in eine Note Ihr Buch als „symptomatisch" erwähnen.
Hoffentlich sehen wir uns in März in Wien.[66]
Wissen Sie – die Kellnergeschichte war <u>doch</u> fast die Schönste![67]
Nur um die Seite 64 würde ich Sie lieb gewonnen haben. Denn um diese zu schreiben muß man viele Seele haben und viel gelitten.

Ihre mit Sympathie und Dankbarkeit
Ellen Key

---

63 Oby bei Alvesta ist das Gut ihres Bruders, Mac Otto W. Key (1853–1933) in Småland , Südschweden. Key wohnt dort, um ihren zweiten Band der *livslinjer* fertigzustellen.

64 Rilke, Rainer Maria: *Mir zur Feier*. Berlin 1899.

65 Solmitz, Eva (1885–1974), heiratet 1909 Kurt Cassirer (1883–1975), der mit Paul Geheeb (1870–1961), und Eva Geheeb-Cassirer 1910 die Odenwaldschule gründet. Schüler der Odenwaldschule sind später Ruth Rilke sowie Klaus und Erika Mann.

66 Im Jahre 1905 ist Ellen Key eingeladen worden, in Europa als Rednerin aufzutreten. Vom 19. Februar bis Ende Juni reist sie durch Deutschland, die Schweiz und Österreich-Ungarn.

67 Neben der titelgebenden Novelle *Erika Ewald* enthält das Buch weitere Erzählungen; hier: der Kellner Francois in: *Der Stern über dem Walde*.

Früher sah ich Ihren Namen auf eine Briefkarte mit die Dehmels[68]! Dank auch für diese!

Die Geschichte um Jean <u>sehr tief</u> und feierlich.

3. BRIEF – ZWEIG AN KEY

Paris 5, rue Victor Massé

[Nov./Dez. 1904]

Sehr verehrtes Fräulein, lassen Sie mich Ihnen in ein paar Zeilen herzlichen Dank für Ihre Worte sagen, die mir einen hellen Tag geschenkt haben. Als Dank darf ich Ihnen nur sagen, dass wir ein stiller Kreis in Wien sind, gerade in Wien, für den jedes Ihrer Bücher eine Freude und ein Schatz ist, und es für uns keine größere Befriedigung gibt, als für das Grosse, dass wir von Ihnen empfangen haben, Ihnen ein Kleines aus unserem Leben zu geben. – An Fräulein Solmitz sende ich noch morgen das Buch – edler Menschen Urteil ist mir immer lieber als das der klugen, Frauen werter als Litteraten. Darum gebe ich es ihr gerne (sie heimlich beneidend, wie sehr sie von Ihnen geliebt ist).

Dass Sie meines Buches in einem Essay gedenken wollen beglückt mich sehr; und ich freue mich des Anlasses, denn Rilke ist für mich der feinste, innigste und neben Dehmel sicherlich auch der grösste Dichter Deutschlands. Seit Jahren liebe ich ihn mit steigender Liebe.

Eine kleine Verlaine-Studie[69], die von mir in wenigen Wochen erscheint, will ich mir gestatten in Ihre Hände zu legen, wie alles, was ich vorbereite. Nur vergangene Bücher lasse ich beiseite: ich bin – es wird Sie vielleicht verwundern – noch nicht 23 Jahre und da sind zwei Jahre zurück schon stark überwunden.

Dank also nochmals, vielen Dank. Ich hätte ihn gern in Wien im März gesagt, aber ich werde da wohl noch in Paris oder in Spanien sein – leider, leider! In getreuer Verehrung

Stefan Zweig

P.S. Eigentlich hätte ich noch eine Bitte, aber sie ist etwas gewagt: ich hätte *so* gerne eine *Photographie* von Ihnen. Für mich. Vielleicht, wenn Sie einmal Bilder an Ihre Freunde verteilen, denken Sie da auch an Ihren getreuen Wiener Verehrer.

---

68 Dehmel, Richard (1863–1920), deutscher Lyriker.
69 *Eine kleine Verlaine-Studie*: Zweig, Stefan: *Paul Verlaine*, Monographie. Leipzig 1905.

4. Brief – Key an Zweig

Oby Alvesta   25.12.1904

Wie lieb Ihren Brief war! Ich habe Rilke (der bei mir war) eine Freude damit
gethan. Seine Adresse ist nun <u>Oberneuland</u> bei Bremen.

Und nun kann ich Ihnen sagen wie lieb Eva Solmitz die <u>Erika Ewald</u> hat! Aber
hoffentlich hat sie selbst geschrieben? Sie war sehr glücklich darüber, denn sie ist
eine von diese „Erika" Seelen!

Und so will ich Ihnen zu eine bedeutender norwegischer Dichter[70] senden welcher
andere Skandinavier kennt und geben Sie ihm diesen <u>Ausschnitt</u> und diese <u>Zeilen</u>
und grüßen Sie ihn von mir! Und wenn Sie Verhaeren sehen gebe diese Karte!
Denn Sie hat ihm gesagt das Buch zu senden, nicht wahr? Ich möchte Sie auch bei
eine <u>mir</u> unbekannte Dame introduciren (eine Freundin von die Gabriel Monod[71],
der Professor der verheiratet ist mit Olga Herzen, die Pflegetochter von Malwida
von Meysenbug); ich glaube Sie hätten etwas davon?! Sie ist professeur in Suisse
und Mitarbeiter in die neue <u>Romain Germanique!</u> Gehen Sie zu sie mit diese Karte
(d.h. zeige der Orthographie) und Sie werden einen guten Empfang finden.

Und nun hoffe ich, Sie sind noch in May in Paris?! Dann komme ich!!! Und mein Bild
sende ich Sie nun auch – unter die von rote Apfeln septemberbeladenen Bäume im
Garten eines jungen Dichters, ein Freund von mir! Ich sehe aus wie <u>betend</u> – <u>anbete</u>
tue ich auch: Sonne, Kinder, Obst, Bäume, Sonnenblumen!

Blauer Himmel blaue See – alles Köstliche war da! Zeige Fräulein da Fanto dieses
Bild! Und danke sie innig für Brief und Mühe und sage: Ich weiß Sie werden Stefan
Zweig lieb haben!

Alles Gute für das neue Jahr!

   Ihre ergebene

                                                              Ellen Key

---

70 Gemeint ist Johann Bojer.
71 *eine Freundin von*: Gabriel Monod heiratet 1873 Olga Herzen, Tochter von Alexander
    Herzen, Journalist, Schriftsteller und russischer Revolutionär. Olga wird von Mal-
    wida von Meysenbug, erzogen und unterrichtet, die aus einer hugenottischen Familie
    stammt und engagiert für Menschenrechte eintritt, wobei sie sich besonders für die
    Rechte der Frauen einsetzt.

Bildwidmung auf der Rückseite:
Ellen Key zu Stefan Zweig
Stojordens Trädgård unter den Apfelbäumen
September 1904

Abbildung 4: Erstes Foto für Stefan Zweig

Am Rand: Natürlich meine ich alles nur bei Gelegenheit!!
Mademoiselle A. Fanto[72] 59 Rue Duplessis <u>Versailles</u>

Auf der Umschlagrückseite:
PS: Die Verlaine Studie ist nicht gekommen?
<u>Bojer</u> ist ein Freund von <u>Rilke.</u>
Spediteur: Ellen Key Oby <u>Alvesta</u> <u>Suède</u>

---

72 *Mademoiselle A. Fanto*: Adèle Fanto, vermutlich verwandt mit dem Wiener Ölmagna-
ten David Fanto. Nicht genau zu ermitteln.

5. Brief – Zweig an Key

[1905]

<u>Paris</u>, 5 rue Victor Massé

Sehr verehrtes Fräulein Ellen Key, ich bin so sehr beschämt, Ihnen auf Ihren mir unendlich teuren Brief so spät erst Dank zu sagen, aber ich wollte die Gabe Ihres Portraits mit einem von mir erwidern, doch hat mein Freund der seinerzeit einige überaus künstlerische Aufnahmen machte, mich bis jetzt im Stich gelassen.

Wie soll ich Ihnen für Ihren Brief danken? Es gibt für mein Empfinden nichts edleres, als Menschen zu guten Zielen gesellen zu wollen, die wenigen, die sich verstehen könnten, zueinander zu rücken, bis sie sich die Hände reichen. Und dass Sie mich zu denen zählten, dessen Bekanntschaft Sie Ihren Freunden vermitteln wollten, hat mich sehr stolz gemacht.

Ich habe Herrn Bojer[73] aufgesucht und wir haben uns gut verstanden, werden uns noch des Öfteren sehen; und ich habe zu seinen Büchern, soweit ich sie lesen konnte, einen ganzen Dichter gefunden. Dank, dass Sie mir – und wie vielen schon bisher? – einen Weg zu noch unbekannter Schönheit geöffnet haben.

Verhaeren hat sich Ihrer Worte sehr gefreut. Ich fürchte, Sie werden im Mai nicht mehr Gelegenheit haben, ihn zu sehen: Sie hätten in ihm einen Menschen von wunderbarer Güte und Schlichtheit, einen edlen, ganz im Stillen wirkenden Kämpfer Ihrer Ideale gefunden. Wäre doch nur schon ein Werk von Ihnen ins Französische übersetzt: ich wüsste einige von den jungen Franzosen aus der Schule des grossen Taine[74], die diese Ideen trinken würden, wie einen Wind, der aus fremden Landen unbekannte Süsse und Gewalt mit sich bringt. Doch das kann nicht lange dauern mehr!

Ich freue mich, meine Verlaine-Studie[75] schon im nächsten Monat in Ihre Hände legen zu können, – beruhigt und mit Zuversicht, denn ich weiss, es sind milde und gütige Hände, die in langen Jahren das Leben auf seinen Wert gewogen haben. Glauben Sie, verehrtes Fräulein Ellen Key, an unsere Verehrung als eine stete und nur sich noch vertiefende: ich glaube, wir Jungen haben Ihnen nichts Besseres zu geben als diese Zuversicht.

Dankbar und ergebenst

Stefan Zweig

---

73 Johan Bojer rezensiert Zweigs *Erika Ewald* in Norwegen. Vgl. Prater 1991, S. 45.
74 *des grossen Taine*: Zweig hat seine Dissertation über Hippolyte Taine (1828–1893) geschrieben und 1904 die Promotion zum Dr. phil. bestanden.
75 Zweigs erste Biografie, *Paul Verlaine*, wurde bei Schuster & Loeffler in Berlin veröffentlicht.

6. KARTE – KEY AN ZWEIG

[18.2.1905]

Herr Stefan Zweig
5 rue Victor Massé
Paris

Sie, Lieber Mensch, muß ich ja in Mai sehen, Verhaeren auch. Ich komme ja cirka 20 April <u>nach Amsterdam und werde in Holland und Belgien und Paris im Mai sein.</u> Schreiben Sie mir bitte auf Wien XIX 50 Hohe Warte zwischen 12 März – 1 April wo Sie und V. in die gesagte Zeit sind? Besuchen Sie M: selle <u>Adele Fanto</u>*, sie wird gerade Etwas in mir in eine <u>Ruhe bringen</u>. Sie können die junge Franzose lesen! Grüßen Sie <u>Bojer</u> <u>sehr</u>!
  Ihre gehetzte aber sehr ergebene Ellen Key
  Am Rand links: *59 Rue Duplessis Versailles wohnt sie -
  Am Rand rechts: Sie schreibt in Romain Germanique und will auch Verlaine Studie schreiben. Schicke mir das Buch auf Wien bitte.

7. BRIEF – ZWEIG AN KEY

I. Rathausstrasse 17
Wien I. Juli [1905]

Sehr verehrtes Fräulein
  mit nicht wenig Beschämung sende ich Ihnen erst heute meine Studie über Verlaine, die schon vor Wochen erschien. Aber ich hoffte so sehr – mit neuem grossen Vertrauen, das man zu Dingen hat, die man sehr ersehnt – Sie würden nach Paris kommen und mir ein paar Stunden aus Ihrem Leben schenken. Und nun bin ich wieder in Wien, spüre noch allerorts die letzten Wellenkreise[76], die Ihr Erscheinen hier aufgeworfen und die noch immer nicht zur Rast gekommen sind. Ihr Name, der bisher nur Name bei uns war, hängt jetzt mit Ihrer Persönlichkeit verkettet, in so vieler Herz und gerade ich habe nichts anderes als Ihre Photographie, nicht eine Lebenserinnerung. Doch ich hoffe auf dieses Jahr.
  Zu Weihnachten hoffe ich Ihnen ein neues Buch überreichen zu können, das vielleicht aber nicht im Buchhandel, sondern nur in beschränkter Auflage erscheint. Es ist die Lebens- oder vielmehr die Sterbensgeschichte jener Madame

---

76 *Und nun bin ich wieder in Wien*: Keys Vorträge vom Frühjahr 1905 sind in Wien noch sehr präsent und Zweig bedauert daher sehr, nicht dabei gewesen zu sein.

de Prie, der Maitresse des Regenten und des Herzogs von Bourbon, die mit 27 Jahren unter den seltsamsten Umständen Selbstmord beging, ein eigentlich oberflächlicher Charakter, in dem das Weibliche und Erotische jahrelang durch Ehrgeiz und Vanität unterbunden war, um erst im letzten Augenblicke, als letzte Karte im Spiel ihres Lebens, aufzublinken. So fasse ich diese sehr mysteriöse Person wenigstens auf, über die einiges weniges Material in den Memoiren des XVIII. Jahrhunderts zu finden ist. Jedenfalls hoffe ich viel aus dem Thema zu gewinnen – doch wann hofft man nicht am Beginne?[77]

Mit Johan Bojer habe ich in Paris sehr schöne Stunden verbracht, für die ich Ihnen eigentlich verpflichtet bin, wie für so vieles, was Sie durch Ihre Bücher und Ihre Güte für mich getan. Und darum bitte ich Sie, wenn Sie an die denken, von denen Sie sich am meisten geliebt und verehrt wissen, auch meinen Namen in die Schatzkammer Ihrer Erinnerung zu verschliessen: ich kann zwar freilich nur dankbar sein und nicht mehr! Empfangen Sie viele aufrichtige Empfehlungen von Ihrem ergebenen

Stefan Zweig

8. Brief – Key an Zweig

Hedas Ransäter
2. Aug. 1905

Lieber Stefan Zweig!

Gestern las ich mit wirkliche Freude und – so fern ich Verlaine kenne (das heißt seine besten Dichtung) – mit völliges Einverständnis! Ich freue mich, daß Sie ganz Abstand genommen hat von diese Verhimmlung der jungen Franzosen und daß Sie die Schande dieses, mit ihm getriebene St. Antonius[78] und Silénus[79] Posemacherei ganz gefühlt hat! Sie sagen sehr feine Dinge. [Ich wurde ganz stolz ein Wort von Balzac[80] zu finden welches ganz das selbe sagt wie ich in mein

---

77 Dieses Vorhaben wird von Zweig später nicht weiter verfolgt (vgl. 9. Brief).
78 Verlaine, Paul: *La Tentation de Saint-Antoine* (um 1890/96), Gedicht (unvollendet).
79 Key spielt hier vermutlich auf die homosexuelle Beziehung der französischen Lyriker Arthur Rimbaud und Paul Verlaine an.
80 Balzac, Honoré de (1799–1850), französischer Schriftsteller. Sein Hauptwerk ist der unvollendete Romanzyclus *La Comédie humaine* (Die menschliche Kömödie). Er kann es jedoch nicht mehr vollenden. Über 90 der geplanten 137 Romane und Erzählungen werden fertiggestellt.

neues Buch – und unser Almquist[81] (siehe mein Buch <u>Menschen</u>) sucht wie Rimbaud Farbe, Ton, Wort zu eins zu machen!]

M:me de Prie ist ein sehr interessantes Sujet und ich freue mich auf dieses Buch. Aber wann kommt Ihr Buch über Verhaeren? Denn <u>dieses</u> Buch müssen <u>Sie</u> doch schreiben? Ich habe nur (Aus „fremden Zungen")[82] etwas über <u>Les Heures Claire et des Heures d' après-midi</u> geschrieben. Nein nicht geschrieben: es ist nur ein <u>Freudeschrei</u>! Gar nicht litterarisch sondern nur über die Schönheit dieser Verhältnisse! Es müssen herrliche, echte Menschen sein, wie Menschen nur selten sind! Grüße sehr Hans Müller[83], ein sehr feiner und begabter Lyriker und ein lieber würdiger junger Mann. Bojer ist nun in Norwegen glücklich über sein Land[84] – und die Norweger haben ganz Recht unabhängig zu sein!

Ich glaube Rilke wäre froh über das Verlaine-Buch. Seine Adresse: Schloss Friedelhausen Lollar in Hessen.[85]

Grüsse Verhaeren und sage ihm (und sie = der Frau)[86], daß ich die größte Lust hatte sie in Westende zu stören aber – fand es unverschämt! Sage daß ich beide verehre mit die Tiefste Freude!

Und nun mag ihre Sommer glücklich sein, mag Ihr nächster Buch ein ebenso gutes und zartes und psychologisches Wort sein wie das Verlaine Buch!

Ihre Freundin Ellen Key

(Adresse <u>Stenkjär</u>)

---

81 *in mein neues Buch*: Der Vers soll Musik sein, eine Harmonie von Tönen, ein flüchtiger Rausch, der die Grenzen der Form verwischt und die Farben nur als Nuancen wiedergibt („Pas la couleur, rien que la nuance!").

82 Key, Ellen: *Aus fremden Zungen. Zwei Menschen und zwei Gedichtsammlungen.* Berlin 1905, S. 165–170. Darin bespricht Key eine Sammlung von Liebesgedichten Verhaerens (*Les heures claires, Les heures d'après-midi, Les heures du soir*) an seine Frau Marthe Verhaeren-Massin.

83 Müller-Einigen, Hans (1882–1950), österreichischer Schriftsteller, Drehbuchautor und Regisseur aus jüdischer Familie.

84 Norwegen wird 1905 unabhängig. In einer Volksabstimmung entscheidet man sich für den Erhalt der Monarchie. Zum norwegischen König als Haakon VII. wird ein dänischer Prinz gekrönt.

85 Friedelhausen gehört der Gräfin von Schwerin, Mutter von Gudrun v. Schwerin, die später Jacob von Uexküll, Prof. der Biologie, heiratet.

86 Verhaeren-Massin, Marthe (1860–1931), Malerin. Key beschäftigt sich in ihren Essays auch mit der Frage, ob eine Ehefrau ihr Talent zugunsten ihres Mannes vernachlässigen solle. Die Worpsweder Künstlerinnen Clara Rilke-Westhoff und Paula Modersohn-Becker haben das für sich abgelehnt. In: Key, Ellen: *Seelen und Werke. Essays.* Berlin 1911, *Maeterlinck und Verhaeren*, S. 61–137.

9. BRIEF – ZWEIG AN KEY

Tirano, 12. August 1905

Sehr verehrte und gütige, wahrhafte Freundin, ich danke Ihnen von Herzen für Ihre Zeilen. Ich glaube nicht nur Bücher, auch Briefe haben ihre Schicksale, sie können sich vervielfachen in ihrem Wert. Wie viel mir nun der Ihre war, hier in diesem kleinen italienischen Städtchen, dahin ich mich zurückgezogen hatte wo ich ganz, ganz einsam lebe, keine deutsche Zeitung sehe, keinen Menschen spreche – das kann ich Ihnen nicht so ganz sagen.

Lassen Sie mich zuerst von Verhaeren sprechen. Ich liebe diesen grossen und echten Dichter mit einer Liebe, die wirklich keine Grenzen kennt. Es war mir vergönnt in dem Pariser Jahr ganz an sein Leben heranzutreten, ich darf es stolz sagen, er nimmt mich als Freund nimmt mich, trotz der Verschiedenheit der Jahre als Mensch zu Menschen. So konnte ich wirklich die durchsichtige und silberne Klarheit seines Lebens sehn, das wundersam zarte Verhältnis seiner Ehe mit dieser stillen gütigen Frau, die durch sein Schicksal geht, so wie sie durch Zimmer schreitet, ganz ganz leise und schwebend, nur von dem Bestreben erfüllt, sich zu verlieren, nicht merken zulassen, ihr Wirken nicht zu zeigen, das doch so tief und vorsorglich ist. Sie hat ein sehr grosses Talent als Malerin, aber ist zu bescheiden, um auszustellen: nur von ihrem Manne zeichnet und malt sie Portraits, die sie Freunden schenkt, denn die Freundschaft ist Verhaerens edelste Kunst: er hat eine schlichte Schönheit, Menschen zu gewinnen. Es sind die besten Menschen unserer Zeit in dem Kreise: Rodin[87], Maeterlinck[88], Carrière[89], van der Stappen[90], Lemonnier (ein viel zu wenig Gekannter) viele viele andere. Denn es strömt von Verhaeren so viel Herzlichkeit und Echtheit aus: Er ist gar nicht geistreich (ich habe Misstrauen gegen geistreiche Menschen, weil sie zuviel negieren und nicht herzlich lieben können), aber er ist so voll von ehrlichen Erkenntnissen, dass sich mein Leben an ihm bereichert hat, wie an keinem Menschen. Bei ganz grossen Dichtern gibt es keine Zufälle: man kann

---

87 *die besten Menschen*: Auguste Rodin (1840–1917), französischer Bildhauer; vgl. hier Key, Ellen: Ein Pfingsttag bei Rodin. In: *Seelen und Werke*. Berlin 1911, S. 139–152.

88 Maeterlinck, Maurice (1862–1949), Dramatiker; John Richard Jefferies (1848–1887), englischer Schriftsteller von Essays, Romanen, Kinderbüchern und Naturschilderungen. Vgl. Key, Ellen: *Die Evolution der Seele* (Maeterlinck, Jefferies), in: Die Zeit, Wien, 12. Jg. 1887, S. 184–187.

89 Carrière, Eugen (1849–1906), Maler und Lithograph.

90 Stappen, Charles van der (1843–1910), Bildhauer.

nicht ein Kleinlicher im Leben sein, wenn man, wie ich fühle, der grösste Lyriker eines Zeitalters ist.

Und nun: warum ich nicht über ihn geschrieben habe (ausser dem Aufsatz der meiner Übertragung vorangeht). Nun: aus Furcht, weil ich ihn zuviel liebe. Ich weiss manchmal nicht, ob Verhaeren ein so ungeheurer Dichter ist, wie es mir scheint, ich denke mir: das siehst du nur so, weil du weißt, wie echt, wie erlebt das ist, weil Du in den Heures d'après midi[91] sein wahres Leben erkennst. Sie verstehen mich sicher, Sie mit dem Herzen, das allem Menschlichen so vertraut ist, ich habe Angst vor der übergrossen Liebe zu dem Menschen. Briefe wie der Ihre sind mir dann immer so Sicherungen für Wochen und Monate; nur, – ich fürchte leider, es würde jetzt, ehe V. genügend bekannt ist, mehr schaden als nützen – einmal will ich das Buch schreiben. Ich habe schon viel für ihn getan, ich habe ihm mit meiner Übertragung eine Elite in Deutschland erobert: Richard Dehmel, Hermann Hesse[92], Johannes Schlaf[93] (der durch mich angeregt ein Buch über V. schreibt) und viele andere. Das macht mich mehr stolz, als was ich bisher in Literatur getan und geschaffen.

Jetzt ist V. in seinem kleinen Häuschen bei Valenciennes: Haben Sie irgendwie Gelegenheit durch Belgien zu kommen, so bereichern Sie ihr Leben mit dem wundervollen Eindruck von ein paar Stunden mit ihm. Sie müssten auch Lemonnier und van der Stappen kennen lernen, die mir beide gut gesinnt sind und sehr erfreut wären, wenn ich Ihnen so werten Besuch vermittelte. Sehn Sie, verehrtes Fräulein Ellen Key: das war das Einzige, was ich bisher tun durfte für Sie, die Sie so gütig mein Wirken besehn: ich habe Verhaeren, der ja leider Ihre Werke nicht verfolgen kann, da er die Sprache nicht versteht, viel von Ihnen erzählt. Wenn etwas von Ihnen ins Holländische oder Französische übersetzt wird, senden Sie es ihm doch: er wird es mit viel Liebe lesen.

Darf ich nun ein Wort von mir noch sagen? Ich habe die Geschichte der Madame de Prie momentan bei Seite gelegt: ein grösseres hat mich gepackt und

---

91 Verhaeren, Emile: *Les Heures d'après midi.* Paris 1905. In Deutschland erscheint es 1907 bei Axel Juncker, Stuttgart, Charlottenburg: *Lichte Stunden. Stunden des Nachmittags.* Die Nachdichtung wurde von Erna Rehwoldt besorgt.

92 Hesse, Hermann (1877–1962), deutscher Schriftsteller. Er schreibt einen Artikel über *Emile Verhaeren: Ausgewählte Gedichte.* Nachdichtung von Stefan Zweig (1904).In: *Das literarische Echo,* 7. Jg., 1904–1905, Nr. 156. Zweig und Hesse nehmen später eine ähnliche Haltung zum Ersten Weltkrieg ein.

93 Schlaf, Johannes (1862–1941), deutscher Schriftsteller, Dramatiker. Er übersetzt Balzac und Whitman. Sein Essay *Emile Verhaeren* erscheint in der Reihe *Die Dichtung* bei Schuster und Loeffler in Berlin 1905.

so ganz, dass ich die wahre schmerzhafte Lust des Schaffens spüre. Es ist ein
Drama in Versen, <u>Thersites</u>[94], das Schicksal des hässlichsten und boshaftesten
Griechen vor Troja. Mein Stück ist nun: des boshaftesten, <u>weil</u> hässlichsten Menschen und will die Idee zum Ausdruck bringen, wie die grossen Schmerzlichkei-
ten eine Seele verfeinern, während das Glück sie verhärtet. Des Th. Gegenspieler
ist Achilles, den nie ein Leid berührt hat; aber so wie Thersites, der nie eine Frau
berührt hat, tiefer ihre Seele fasst, wie die Heitern und Hellen, so ist (Einfü-
gung: dieses dunkle und abschreckende) Leben eigentlich das Wertvollere: Dra-
matisch ist die Sache, so viel ich empfinde, ungemein gelungen, sie ist zweifellos
das Schönste, was ich bisher geschrieben habe – soweit sie fertig ist – ich habe
aber gar keine Hoffnung auf Aufführung und schreibe es auch gar nicht darauf hin. Das ist vielleicht das Beste an mir: ich habe gar, gar keine Ambitionen.
Ich reise durch die Welt, kümmere mich nicht um Litteratur, bin ja auch wenig
bekannt und in Wien wenig beliebt, wie Sie leicht hätten sehen können. Ich habe
mich nie um Bahr[95] versammelt, lebe nur mit ein paar wie Hans Müller, Camill
Hoffmann[96] in intimer Freundschaft; über meine „Erika Ewald" und den „Verlaine" hat in Wien nicht eine Zeitung geschrieben (obwohl ich in jeder Redaktion
gute Bekannte habe) nur weil ich niemanden bitte. Ich habe tatsächlich einen seit
Jahren wachsenden Respekt für die noble Art Rilkes, der ohne allen Lärm ganz
in der Stille seine Werke herausgibt. Ich will Ihnen <u>sehr</u> dankbar sein, wollten
Sie ihm einmal sagen, wie sehr ich ihn liebe, dass für mich in Deutschland kein
Lyriker so hoch steht wie er. Vor Jahren, als Achtzehnjähriger habe ich ihm mein
Gedichtbuch[97] gesandt und ein liebes Wort von ihm empfangen; wenn ich ihm
seither nichts mehr sandte, so war es aus einer gewissen Scham, er möchte die
Dinge als zu gering empfinden, möchte – er, der Meister der Technik – die dün-
nen Stellen in den Versen zu sehr fühlen. Sagen Sie ihm bitte, dass es mein auf-
richtigster Wunsch wäre, ihm einmal persönlich meine Verehrung zu sagen und
dass er ganz ganz wenige hat, die so herzlich an ihn glauben wie ich.

---

94 *ein Drama in Versen:* „Ich hatte 1905 oder 1906 während des Sommers ein Stück
   geschrieben – im Stil unserer Zeit selbstverständlich ein Versdrama , und zwar anti-
   kischer Art. Es hieß ‚Thersites'; zu sagen, wie ich heute darüber denke, erübrigt sich
   durch die Tatsache, dass ich es wie fast alle meine Bücher vor dem zweiunddreißigsten
   Jahr – nie mehr drucken ließ." Zweig in: *Die Welt von Gestern.*1999, S. 198. *Thersites*
   erscheint 1907 im Insel-Verlag, Leipzig.
95 Bahr, Hermann (1863–1934), österr. Schriftsteller, Dramatiker und Theaterkritiker
   in Wien.
96 Hofmann, Camill (1878–1944 in Auschwitz), österr. Lyriker, Literaturkritiker.
97 *Vor Jahren, als Achtzehnjähriger:* Zweig bezieht sich auf: *Silberne Saiten. Gedichte.*

Bojer lass ich von Herzen grüssen: er ist mir sehr lieb geworden und ich freute mich, dieser Tage etwas über seine „Macht des Glaubens"[98] schreiben zu dürfen.

Eine Bitte habe ich noch. Ich habe mir eine ganz seltsame Sammlung angelegt: ich lasse mir von Dichtern, die mir persönlich viel sind, das Manuscript eines Buches oder einer grösseren Arbeit schenken und bewahre mir das sehr sorgfältig in schönem Einband. Ich habe schon von Verhaeren, Hermann Hesse, Hugo Salus[99], W. v. Scholz[100] und manchem Freunde ein solches weites Gedenken. Und nun bitte ich Sie um Eines: vielleicht das Buch über Rilke oder sonst einen grösseren Essay. Ich kann es als Dank versprechen, es herzlich lieb zu haben.

Ich wandere jetzt durch Norditalien bis nach Florenz, wo ich den Herbst erwarte. Wenn Sie mir aber wieder die grosse Freude eines Briefes bereiten wollen oder mir das Mcpt schicken, so nehmen Sie meine Wiener Adresse I. Rathausstrasse 17

Es wird mir alles nachgesandt.

Ihr getreu ergebener

Stefan Zweig

10. BRIEF – KEY AN ZWEIG

Hedas Ransäter 22/10.1905

Heute bekomme ich Retour meine Karte nach Firenze! Ich bat Sie da um die Adresse Verhaerens und frag ob ich das thun könnte, was Sie nun (im X Band) finden daß ich doch gethan habe: Etwas aus Ihrem schönen Brief citieren! Ich sandte Verhaeren Liebe und Ehe in holländisch (über Dernan, sein Verleger – und frage ihn (V.) ob er es bekommen hat?[101] Der Artikel wird auch schwedisch erscheinen (über die Lyrik Verhaerens meine ich).

Wie schön war Ihren Brief! Wie herrlich diese Menschen!! Schicken Sie mir Ihren Bild, bitte!

---

98   Bojer, Johan: *Macht des Glaubens* (Troens magt). Roman, übersetzt von Adele Neustädter, Stuttgart und Leipzig 1904.

99   Salus, Hugo (1866–1929-), österreichischer Lyriker.

100   Scholz, Wilhelm von (1874–1969), Schriftsteller, sympathisiert später stark mit dem Nationalsozialismus.

101   *in holländisch*: Zweig hat Key darauf hingewiesen, dass Verhaeren weder schwedisch noch deutsch gut verstehen kann. In Holland trägt dieses Buch den Titel: *De Ethiek van Liefde en Huwelijk*, übersetzt von C.V. Gelder, 1905 bei Quérido in Amsterdam erschienen. In Schweden ist es der erste Teil der Trilogie *Livslinjer I–III (dt.: Über Liebe und Ehe, Der Lebensglaube, Persönlichkeit und Schönheit)*.

Sind Verhaerens in Paris nun? <u>Rilke</u> ist bei <u>Rodin</u> – dann sollten sie sich kennen-lernen!?

Sind Sie in Paris – gehe gleich hin! Die kleine Schrift (Liebe und Ethik) ist wie eine Ergänzung des „Liebe und Ehe" – ich sende Sie es – da ist etwas von Erika Ewald auf einer Seite (indirekt!).

Ihre Freundin
Ellen Key

11. Brief – Zweig an Key

Wien 16. November 1905

Sehr Verehrte, Liebe, Teure,
ich danke Ihnen erst heute für Brief und Sendung, denn selten ist mir ein Tag lieb genug, dass ich ihn eines Briefes an Sie würdigte. Die spare ich für die Tage, die würdige, schöne helle Stunden haben, wo man das Genossene mit frohem Gewinn überdenkt und alles Ferne gleichsam nahe spürt. Ich habe einen reichen gütigen Herbst gehabt wie nie, einen Herbst mit vielen Früchten. Mein Drama geht rüstigen Schritt, eine kleine Komödie wurde so zwischendurch fertig und vor allem – Verse, Verse. Das kann eigentlich nur der verstehen, der selbst Verse schreibt, dieses Glück, wenn man – schon monatelang von keinem Gedicht beschenkt – mit einem mal wieder an das Herz klopfen fühlt. Denn man liebt ja nichts so als seine Gedichte: Sie sind das Einzige, wo man manchmal den schönen Traum hat, sie seien vollendet in sich, hätten ihr eigenes Leben und könnten nun nicht sterben mehr. Bei Prosa könnte ich immer noch corrigieren. Ich glaube Sie kennen keine Verse von mir: ich will Ihnen einmal ein paar Proben zusammen-stellen, denn das Lyrikbuch „Silberne Saiten", das ich mit 18 Jahren herausgab, das ist mir lieb als Erinnerung und in einzelnen Zeilen. Aber nun wächst lang-sam ein neuer Strauss zusammen und ich wache eifersüchtig auf sein Werden.[102] Und nun, in diesen Wochen, sind plötzlich wieder ein paar Knospen daran, neue leuchtende Farben. Das macht glücklicher als viele grosse Dinge der Welt.

Aber ich spreche zu viel von mir. Ich muss Ihnen ja zuerst danken für die-sen schönen Essay über Verhaeren[103], diese klaren Menschenworte, die das

---

102 *nun wächst langsam ein neuer Strauss zusammen*: Zweig bezieht sich auf *Die frühen Kränze*. Leipzig 1906.
103 *für diesen schönen Essay*: Key, Ellen: *Aus fremden Zungen*. Berlin 1905, S. 165–170.

Dichtwerk so durchleuchtet haben. Von Verhaeren weiß ich die Freude, die er daran hatte.

Und dann Liebe und Ethik."[104] Ich habe darüber nachgedacht, ob Ihnen Ihr unendliches Vertrauen zur Menschheit mehr Glück oder Verzagung bringt. Ob Sie nicht innerlich mehr Zagen fühlen für die Zukunft, als Ihre Werke eingestehn, ob Sie nicht wie die Edelsten der Priester sind, die – selbst nicht mehr gläubig – doch die andern zum Glauben aufraffen. Wenn ich daran denke, wie tief wir heute noch sind, wie unsere Besten noch ohne Klarheit in ihrer Liebe sind, wie manche – bin ich denn nicht unter ihnen? – auf hundert Wegen Klarheit suchend sich durch Dunkel wühlten, die man sich schämt einzugestehn. Als ich von Ihrem Buch so durch die Strassen ging und Ehepaare, Dirnen, kokettierende Burschen zusammen sah, nichts und nichts, als dieses eine Stigma kleiner Leidenschaft, habe ich mich gefragt, ob ich Sie nicht mehr als Dichterin lieben muss denn als Frau der Erkenntnis. Denn diese Welt von der Sie sprechen, wie die Priester vom Jahre Tausend, sie ist noch so Ferne, dass nur eine Dichterin sie überhaupt zu träumen wagt. Ich glaube an keinen Fortschritt, der sich nicht auf der ganzen Linie entwickelt, ich sehe, ebenso viele Menschen sich zur reinen Liebe durch Verfeinerung der Sinne erheben, ebenso viele in die lächerlichsten Perversitäten durch ebendieselbe Verfeinerung des Empfindens absplittern. Und ich glaube Ihre Güte ist zu gross, als dass sie alle Gemeinheit der Menschen ahnen könnte, ich glaube Sie, die teure Frau, zu weit weg von der wahrhaften Welt der Frauen (insbesondere der romanischen). Es wird immer Ausnahmen geben und es ist gut so; denn die Kraft, mit der wir solche lieben, wiegt an Gewalt die Massenwirkung der zahllosen kleinen ehrlichen Lieben auf. Von Ihren Theorien liebe ich im Tiefsten nur die wunderbare Religion vom Kinde[105], jenen Glauben der wirklichen Unsterblichkeit, jenen ins Ferne gejagten Egoismus, der sich als Ziel, nicht als Hemmnis gestaltet. Wenn das einmal so begriffen wird,

---

104 *Und dann Liebe und Ethik*: Key, Ellen: *Liebe und Ethik*, Berlin 1905. Die Anmerkungen im Brief deuten aber darauf hin, dass Zweig das umfangreichere und bekanntere Werk *Über Liebe und Ehe* meint, das in der Übertragung von Francis Maro 1904 in Berlin erschienen ist. Francis Maro ist das Pseudonym für Marie Franzos (1870–1941), einer Freundin Keys aus Wien. Mit Ausnahme von *Missbrauchte Frauenkraft* besorgt sie alle deutschen Übersetzungen von Ellen Keys Schriften.

105 *die wunderbare Religion vom Kinde*: Zweig hat hier in brillanter Weise das Charakteristische in Keys Werk hervorgehoben: Hinter der Frage der zukunftsfähigen Pädagogik und der Frauen- und Kinderfrage als Menschenrechtsfrage steht die Auseinandersetzung um die Integration der europäischer Religiosität in die Pädagogik, eine Frage, die erst jetzt allmählich in den Blick der Erziehungswissenschaften gerät.

wie Sie es dachten, dann wird vieles besser werden und ich sehnte mich, diese
Tage noch zu erleben. Wenn ich nur nicht immer fürchtete, die grossen Wahr-
heiten könnten nur die verstehen, die sie selbst erleben könnten, die ahnend sie
vorauswussten und sich erst im fremden Worte fanden.

Wie gerne will ich Ihnen ein Bild von mir senden! Im Augenblick habe
ich keines, seit drei Jahren keines (vielleicht spricht das zu meinen Gunsten.)
Aber demnächst soll Eines angefertigt werden und das geht mit nächster Post
zu Ihnen.

Einen lieben Freund, einen edlen klaren Menschen, <u>Franz Carl Ginzkey</u>[106]
habe ich ermutigt, Ihnen sein schönes Gedichtbuch „<u>Das heimliche Läuten</u>" zu
senden. Sie werden in vielen Versen, so insbesondere S. 12 „Stimmen im Frühling" eine Lebensanschauung finden, die von Ihren Gedanken genährt und
getragen ist, was bei der grossen Verehrung Ginzkeys für Ihr Schaffen leicht verständlich ist.

Ich muss schließen und damit viel verschweigen, das ich Ihnen zu sagen hätte.
Vielleicht gibt es einmal einen Tag, dass die Feder nicht meine Worte tragen
muss, sondern die helle Luft – in Paris, oder in Norwegen. Ich komme ja im
Sommer hin.

In Treue Ihr

Stefan Zweig

12. Postkarte – Zweig an Key – Ansichtskarte

*Kunstpostkarte des Verlages Gerlach & Wiedling, Buch- und Kunstverlag, Wien,
1. Elisabethstraße 13*
Vorderseite – unter den Bildern aus Wien:
Ihr ergebener Stefan Zweig R. Dehmel. F.K: Ginzkey Bernhard *(nicht zu entziffern)*
Quer – zwischen die Bilder gequetscht:
Ein Brief folgt dieser Tage. Stefan Zweig

Rückseite – Für Mitteilungen:
Verehrte Frau. Ich grüße Sie in grosser Zuneigung, die man schriftlich nicht aus-
drücken kann.
Frau I. R. Dehmel

---

106 *einen edlen klaren Menschen*: Karl Ginzkey schreibt romantisch-liedhafte Lyrik, z. B.
    Das heimliche Läuten. Leipzig 1905.

13. BRIEF – KEY AN ZWEIG

Karlstad   17/11 [1905]
Lieber S.Z.!
Nun folgt in X. Band das schwedische M.S. von Artikel über Verhaeren, leider
nicht sehr sauber nach der Besuch in die Druckerei – es wird in die vornehmste
(litterarische) Tageszeitung Schwedens erscheinen! Brief von Ihnen habe ich nicht
bekommen aber die Karte mit Dehmels Grüße über Ginzkey und danke ihm für
der liebevolle Artikel und das schöne Büchlein, noch nicht ganz gelesen – ich
schreibe später. Danke Verhaeren innig für noch ein schöner Brief. Sage ihm das
oben gesagte und das Rilke bei Rodin wohnt, als sein Sekretär!
An der Seite quer: Sie müssen Ihn auch kennenlernen!
Ihre ergebene Ellen Key

14. BRIEF – ZWEIG AN KEY

Wien   9.II.06
Rathausstrasse 17

Sehr Verehrte und Teure,

seltsam:

seit zwei Tagen habe ich von meinem Tische alle Bücher weggestrichen und nur ein
schmaler Band darauf, Rilkes Stundenbuch"[107]. Ich lese es ohne Unterlass und habe
viel an ihn und an Sie gedacht. Habe sogar an Rilke einen langen Brief geschrieben,
den ich aber nachher zerrissen habe. Er war zu vertraulich, zu persönlich und ich
weiß nicht, ob ich Rilke mehr bin als ein ferner Name, noch dazu niedergehalten
vom bösen Beiklang der Litteratur. Dass ich jetzt zwei Tage in seinem Leben lebte –
hat er es denn gefühlt? Und würde er nicht jenen argen Verdacht haben, ich hätte
irgend eine Begehr an ihn, schriebe ihm ohne jeden äusseren Anlass viele Dinge.
   Da kam Ihre Broschüre – Ihrer Güte zu danken, der ich sie schulde, hätte ich
beinahe vergessen – und ich fühlte, wie gross es ist ein Dichter zu sein, wie Rilke.
Dass zwei Menschen, der eine in Schweden, der andere hart an den Alpen in
einem Augenblick an einander denken, weil ein Dichter Verse schreibt. Und nun
trieb es mich, Ihnen den lang versparten Brief zu senden, den ich schon so oft für

---

107 Zweigs Besprechung vom *Stundenbuch* erscheint in *Die Nation*. Berlin, 23. Jg., Nr. 36
    1905/1906.

Sie vorbereitet habe und Ihnen von den vielen Dingen im Flug zu reden, die ich
so gerne mit Ihnen einmal im Gespräch durchleben möchte.

Von Rilke hätte ich viel zu sagen. Er verwächst immer mehr mit meinem
Leben und meinem eigenen Traum von der Poesie. Wie er sich – ferne den Leu-
ten – und doch die grössten Erscheinungen unserer Zeit, wie Rodin, Tolstoi[108]
miterbend, schon durch die äussere Form des Seins dem Unendlichen verkettet,
das doch mit tausend Wurzeln in ihn hineinwächst, das ist mir ein fast neidens-
wertes Bild. Wenn ich im April nach Paris komme, so ist es eine meiner grössten
Erwartungen, ihn dort zu sehen: ich kann nicht denken, dass der enttäuscht, den
Sie sich so innig zum Freunde gewählt haben.

Von Ihnen habe ich jetzt auch den Goethe-Aufsatz in der Öster. Rundschau"[109]
gelesen und mich wieder bewundernd gefreut, in wie vielfältigen Formen es
Ihnen gegeben ist, die Schönheit zu erfassen und wie wunderbar stark Ihr Glaube
an die innere Ethik der Menschheit ist (unendlich stärker als gerade der Goethes,
der in wissender Skepsis die Läuterung der breiten Kreise bezweifelte). Ich fühle
immer ein momentanes Lichtwerden um mich, während ich Ihre Schöpfungen
lese, um dann freilich, wenn ich vom Buch auf die Gasse gehe zu spüren, wie weit
wir noch von Ihren Träumen leben. Und mit hoffender Neugier schlage ich jedes
Mal in der Buchhandlung Ihre Bücher auf, um mich des Wachsens der Auflagen
zu erfreuen. Das Hunderttausende in Deutschland Ihre Gedanken lesen muss-
ten (wenn auch nur hunderte sie leben), beglückt mich immer wieder und ich
bestaune diese Kraft der Wirkung, die Sie vielleicht selbst nie erträumten (weil ja
alle spendende Liebe bescheiden und ohne Zuversicht ist.)

Darf ich jetzt ein Wort von mir und meiner Arbeit sprechen? Ich vollende
mein Drama „Thersites". Es ist eine Tragödie des hässlichen Menschen, der –
allzu lange nur äußerlich gewertet und innerlich nie ertastet – seinem eigenen
Zerrbild ähnlich wird, ohne doch seine innerste Größe je ganz zu verlieren. Was
ich wollte, weiß ich klar. Nun habe ich selbst einen überscharfen Blick für das
Brüchige in meinen Werken. Und ich weiss nicht, ob ich das Stück veröffentlichen soll; ob es wirklich schon genug Kraft hat um das Drama über sich zu
tragen. Vielleicht bleibt es bei mir: nicht aus Eigenliebe – denn ich habe nichts
übrig für meine Werke, sobald sie fertig werden wollen- sondern aus Ängstlich-
keit. In ein paar Monaten werden Sie das Schicksal wissen.

108 Tolstoi, Lew Nikolajewitsch (1828–1910), russischer Schriftsteller.
109 Key, Ellen: *Goethe und der Lebensglaube*. In: Oestereichische Rundschau, 6. Jg., Wien
     1906, S. 52–60 (Auszug aus *Der Lebensglaube. Betrachtungen über Gott, Welt und Seele*.
     1. Auflage, Berlin 1906).

Dann aus der grossen Truhe der Pläne. Ich will die Vita nuova"[110] übersetzen. Bisher haben wir in Deutschland nur Nachstümpereien und ich glaube, dies, als des Göttlichen menschlichstes Werk, verdiente ein anderes Schicksal. Und dann ein schönes Buch, von dem ich wollte, dass nicht ich, sondern Sie es schrieben. Ein Buch dichterischer Essays über das Thema: Menschen zu einander, über die Wege, wie sie sich finden, die Brücken, die Hemmnisse zu einander, die Auswahl, die Abstossung. Und dann die Crystallisation der seelischen Formen aus dem äusserlichen, die Gradstufen von Freundschaft und Liebe. Der innerste Gedanke soll der sein (den ich noch nirgends fand), dass jeder Mensch ebenso wie das äussere Gesellugkeitsbedürfnis aus egoistischen Vorteilen (Hobbes, Aristoteles) und jenseits aller mystischen Neigung das Bedürfnis hat, sein Leben nicht nur in Wirklichkeit durch Fortpflanzung, sondern rein geistig in der Anschauung zu vervielfachen. Bei anderen Menschen erlebt zu werden. Dies nun erfassen die meisten äusserlich – ihr Miterlebtsein ist ein blosses Geschehen sein – und streben nach hohen Stellungen (auf denen sie jeder sieht), nach Reichtum (mit dem sich viele beschäftigen), nach Macht (die viele fühlen) ect – während alle edle Tätigkeit darauf gerichtet sein sollte, erlebt zu werden, im Gefühl, im Schicksal der anderen zu sein, wenn auch weniger. Dazu müssen sich Menschen begegnen und suchen – und all dieses Spiel der Probe möchte ich schildern. Und einen zweiten Gedanken entwickeln, dass fast alle Dinge der Welt zu einem Kraftquantum gehören, das unveränderlich ist. Nehme ich einem anderen Geld, so ist er ärmer, ich reicher – das Kraftgleichgewicht ist ungestört. Im Glück aber gibt es kein Kraftquantum. Die Begegnung zweier füreinander geschaffener Menschen erzeugt Glück, ohne darum andere zu bestehlen, das Glücksquantum der ganzen Welt ist – ihr ganzes Schaffen zielt ja darauf – noch unendlich zu erhöhen und dies kann nur durch Berührung der Menschen geschehen. Sie sagten es ja von den Brownings[111] – das ist ein exemplarischer Fall unendlicher Glücksmöglichkeiten, die verschüttet gewesen wären, hätten sie nicht ihren Freund gehabt. Es handelt sich also für jeden darum, Menschen zu finden, an denen er sich schenkend beglücken kann. Von den Wegen nenne ich nur ein paar: die Bücher,

---

110 *Ich will die „Vita nuova" übersetzen*: „Neues Leben", Anthologie früher Gedichte von Dante Alighieri (1265–1352), neben der *Divina Commedia* auch von Key geschätztes Werk.

111 *Sie sagten es ja von den Brownings*: Key, Ellen: *Menschen. Charakterstudien von Ellen Key* (Carl Jonas Love Almquist, Elizabeth, geb. Barret, und Robert Browning). Berlin 1903. Key stellt das Zusammenleben der Brownings so dar, dass keiner der Ehepartner künstlerisch zugunsten des anderen zurücksteckt, was bei den Verhaerens eher nicht gegeben ist.

die grossen menschlichen Vermittler, die Menschen gerne einander geben, ein wenig die Vereine und meist: die gemeinsamen Ziele.

Noch ist nur die Form nicht klar wie ich das alles geben will. Ich habe viel zu sagen: ich will auch die Tragödie schildern, dass manche Leute am Warten nach einem Menschen zugrunde gehen, möchte am liebsten die Essays novellistisch oder dichterisch färben. Eine Titelidee habe ich: die Wege im Dunkel! Und dies verrate ich Ihnen noch, dass ich darin Menschen wie *Sie* die Sterne nennen will, an denen die wenigen, die daran denken, den Blick aufwärts zu heben, sich zurechtfinden. –

Zuviel schon von mir geredet. Mitte April gehe ich auf drei Monate nach England, dann – vielleicht? – nach Scandinavien. In Paris will ich paar Tage bleiben, um Verhaeren zu sehen. Wie freue ich mich auf sein neues Gedichtbuch! Denken Sie sich den schönsten aller Titel aus: er hat ihn gefunden. Es heisst „Admirez vous les une les autres!"[112] Es werden schöne Tage für mich werden.

Nehmen Sie nun noch viele Grüsse. Ich denke sehr oft an Sie mit vieler Liebe; nur falls ich wirklich im Frühling mit dem Essaybuche beginne, so werde ich noch öfter in Gedanken bei Ihnen sein. Ich will Ihnen sagen, dass schon Ihre Briefe zu den schönsten Dingen meines Lebens gehören: um wie viel mehr wären es einmal gemeinsame Stunden.

Ihr getreuer

Stefan Zweig

15. BRIEF – KEY AN ZWEIG

Furuborg
Jonsered   21/2 1906
(in das gelbe Zimmer, wo Rilke voriges Jahr – nein 1904 – viel arbeitete.)

Mein lieber Stefan Zweig

Für 2 schöne Briefe habe ich zu danken. Und wie Gedanken sich kreuzen! Gerade deiner, mit diesen Wille in Menschen erlebt zu werden, habe ich in die andere Richtung, in mein neues Buch, ausgeführt: die Freude, Menschen zu erleben! – Vorübergehend nenne ich nun auch „oder erlebt zu werden"- weil dieser Gedanke auch bewusst in mir war aber ich erst (in Ihrem Brief) wieder daran erinnert wurde ihn

---

112 Der erste Titel von *La Multiple Splendeur;* Verhaeren nennt diesen Titel in einem Brief an Zweig vom 31.12.1905, In: *Verhaeren – Zweig. Correspondance,* hrsg. von Fabrice van de Kerckhove, Brüssel 1996.

auch auszusagen. Und Verhaeren mit sein schönes „Admires les une les autres!" Wie kommt man – als Blumensammelnde Kinder in einer Wiese dieselbe Blumen – leicht auf die selbe Gedanken, wenn man Geistesverwandte sind! Wie freue ich mich über Ihren Pläne!*

Thersites ist auch auf ein tiefer Gedanke gebaut! Mag der Bau fest sein!

Rilke soll in März über Rodin – und eigenes – in Deutschland vorlesen. Ich hab ihm gesagt Sie kommen im April. Nur, denke ich, Er und Sie können sich unterwegs verfehlen oder begegnen. Nehmen Sie die Initiative (ich habe Rilke darüber geschrieben) um eine Begegnung unterwegs (falls Rilke nicht in April in Paris ist) zu ermöglichen. Vielleicht komme ich in April nach Paris – um Rodin – Rilke + Verhaeren – Zweig zu treffen!

Rodins Adresse (Rilke ist bei ihm) Villa Rodin Meudon Val-Fleury près Paris.

Ihre, sehr mit Sympathie,

Ellen Key

Am Rand: *als Novellen, und die Gedanke erlebt werden wollen die schönste Form bekommen, glaube ich?

*PS: Berlin 2–9 März

Vielleicht Weimar, Hamburg, Prag, Wien.

Vielleicht könnte er bei Ihnen wohnen, wenn er kommt? Er ist sehr einfach! Wie ein Kind. Mein Kind!

16. BRIEF – ZWEIG AN KEY

Wien 15. April 1906

Liebe, Verehrte, Teure,

wie hässlich

von mir, so selten Ihnen zu schreiben, wo ich doch so oft und innig an Sie denke. Aber ich hatte fieberhaft gearbeitet, um meine Tragödie „Thersites" zu vollenden und kann mit Freude sagen, dass ich sie vollendet habe. Nun habe ich nur mehr kleineres zu arbeiten – vor allem einen Artikel über Rilkes jüngstes Buch[113], den ich Ihnen sofort nach Erscheinen zusenden werde.

---

113 *Rilkes jüngstes Buch*: *Das Stundenbuch*, 1905 im Insel Verlag in Leipzig erschienen.

Nach Paris komme ich jetzt nicht. Verhaeren, den zu sehen mir wichtiger ist, als alles andere ist vom 20 – 29 April in <u>Lüttich</u> (Liège) bei Freunden, dann in Caillou qui bique[114]. Ich selbst bin – es kann sich höchstens um einen Tag verschieben

– vom <u>21–23</u> in <u>Liège</u> (poste restante)
– vom <u>23–25</u> in <u>Brüssel</u> (Hotel Cosmopolite),

dann in <u>London.</u>
Sollten Sie zufällig um diese Zeit nach Brüssel kommen, so wäre ich glücklich, Sie zu sehen, würde meinen Reiseplan eventuell gänzlich ändern, nur um Sie zu sehen und Ihnen einige der herrlichen Menschen und Künstler zeigen zu können – Lemonnier, Verhaeren, van der Stappen!

Paris mit Ihnen und Rilke – das wäre freilich herrlich gewesen, aber dieses Jahr führt mich mein Weg nach London. Ich will englische Cultur kennen lernen und meine geistige Peripherie erweitern. Ich habe dort eigentlich wenig Bekanntschaften und wenn Sie dort einen Menschen besitzen, der Ihnen teuer ist, so will ich mich freuen, ihn kennen zu lernen. Denn ich liebe sehr, von Ihnen, die ich bisher persönlich noch nicht kennen durfte, mir erzählen zu lassen: gestern sprach ich noch mit Schaukal[115] von Ihnen.

Ich habe heute nicht die Ruhe, Ihnen von meinen Lebensdingen zu erzählen. Der Reise Hast steht vor meiner Tür. Beinahe wäre ich diesen Sommer nach Scandinavien gekommen und da hätte mein erster Besuch Ihnen gegolten. Denn ich hätte viel, unendlich viel mit Ihnen zu sprechen: manches vielleicht, das ich zu keinem anderen sagen könnte.

Verhaeren will ich Ihre Güte erzählen mit der Sie stets an sein Werk denken. Aber wie schön wäre ein Zusammentreffen in Belgien. Oder kommen Sie, die Unermüdliche, auch nach England in diesem Jahre. <u>Bitte schreiben Sie mir Ihre Reisepläne</u>

bis 19. April <u>Wien I. Rathausstrasse 17</u>
bis 22. April <u>Liège poste restante</u>
bis 26. April Brüssel Hotel Cosmopolite.

---

114 *Caillou qui bique*: das Landhaus Verhaerens.
115 von Schaukal, Richard (1874–1942), österr. Lyriker und Kritiker. Ellen Key schreibt am 3.7.06 aus der Villa Weidenau in der Schweiz an Rilke: Schönes über *Stundenbuch* hat Zweig und Schaukal mir geschickt." In: Fiedler Frankfurt a. M. 1993, S. 178 und Anmerkungen S. 376.

Es muss ja nur eine Karte sein, nur das ich weiss, ob ich nicht doch Sie endlich sehen könnte.
Mit vielen herzlichen Grüssen Ihr ergebener

Stefan Zweig

P.S.: Mit Rilke hatte ich anlässlich der Wiener Vorlesung einen kurzen Brief-wechsel, der mich aber die volle Herzlichkeit seines Wesens empfinden liess. Wie gerne ich Ihre Studie über ihn habe.[116]

17. Postkarte – Key an Zweig

Poststempel: Bremen 21.04.06

Herr Stefan Zweig
Hotel Cosmopolite
Brüssel Belgien

21/4 Bremen
Lieber S.Z!
Aber wie traurig! Geben Sie mir die genaue Adresse von Verhaeren (Wo ist Cail-lou?) und Ihr eigene in London? Könnten Sie nicht einige Tage nur von London nach Paris kommen um Rodin, Rilke und mir zu treffen – in Ende Mai oder Anfang Juni?! Denken Sie daran! Meine nächste Adresse: (Bei Professor Brey-sig[117] Schmargendorf bei Berlin, Deutschland)

Am Rand: Bis Mitte Mai bin ich in Deutschland.
Ihre Ellen Key

---

116 *Wie gerne ich Ihre Studie über ihn habe:* Key, Ellen: *Seelen und Werke.* Berlin 1911, im Kapitel *Ein Gottsucher (Rainer Maria Rilke),* S. 155–223. Ihr Essay erscheint aber schon früher in: *Deutsche Arbeit,* Prag, 5. Jg. 1906, Heft 5: 336–346 und Heft 6: 397–409. Rilke ist mit dieser Darstellung weniger zufrieden: Brief vom 6.11.1906. In: Fiedler, Th. (Hrsg.): Rainer Maria Rilke. Briefwechsel mit Ellen Key. Frankfurt a. M. und Leip-zig 1993.
117 Breysig, Kurt (1866–1940), Kulturhistoriker, Professor an der Universität Berlin. Key lernt das Ehepaar Kurt und Maria 1903 kennen und wohnt 1906 bei ihnen in Berlin-Schmargendorf.

18. Brief – Zweig an Key

- London w

84, Kensington Gardens Square   [Juni 1906]

Sehr verehrte, liebe Ellen Key, ich kann Ihnen also nach Paris nur einen Brief senden und nicht, wie ich hoffte, selbst die Reise antreten, denn das Londoner Leben macht einen so konservativ, dass einem eine mehrtägige Unterbrechung wie eine Unmöglichkeit erscheint. Ich habe Ihnen sehr für Eines zu danken; Ich verdanke Ihnen indirekt die wunderbaren Zeichnungen des William Blake[118], die mich fast mehr fesseln, als die öffentliche und nur durch Reproduktionen längst geläufigen Kunstwerke der grossen Galerien. Die ganze Persönlichkeit dieses in seinen übermässigen Proportionen unfertigen Künstlers packt mich ungemein und augenblicklich will er nur mit Shakespeare, Keats und Shelley sein, nicht aus den Augen lassen.

Grüßen Sie mir, bitte, Bojer und alle anderen und empfangen Sie die ergebenen Empfehlungen Ihres getreuen

Stefan Zweig

19. Brief – Zweig an Key

                                                [1906]

84, Kensington Gardens Square
- London W -

Sehr verehrte, liebe Ellen Key, ich danke Ihnen vielmals für Ihre Karte. Es war mir eine grosse Freude zu wissen, dass Sie mit Verhaeren beisammen waren; ich bin ja so sicher, dass er auf Sie jenen wunderbaren Eindruck tiefster Menschengüte gemacht hat, der so hinreissend ist. Ich würde mich sehr freuen, zu hören, wie Sie Madame Verhaeren und Bazalgette[119] fanden, der mir bedauernd

---

118 Blake, William (1757–1827), engl. Dichter, Maler und Kupferstecher, bearbeitet mythologische Themen, seine Zusammenführung von Text und Illustrationen mit schwungvoller Linienführung beeinflusst auch den Jugendstil. Die erste Gesamtausgabe der Werke Blakes geht auf Yeats zurück. Blake verabscheut Sklaverei und ist der Ansicht, dass Rassen und Geschlechter gleichberechtigt sind. Freude, auch Sinnenfreude, ist für ihn eine Lobpreisung Gottes.

119 Bazalgette, Léon (1873–1928), Freund Stefan Zweigs, Literat, Kritiker und Übersetzer (z. B. von Walt Whitmans Werken ins Französische).

mitteilte, dass er Sie nur habe einmal sehen können, wie sehr er aber in dieser einen Stunde Sie liebgewonnen hätte. Ich kann nicht umhin zu sagen, dass ich mich wie Aschenbrödel im deutschen Märchen fühle, dass abseits sitzt und die anderen tafeln sieht: dass ich es so unendlich bedauere, Sie immer verfehlen zu müssen. Aber ich hoffe, nächstes Jahr, wenn ich nach Scandinavien komme, da werde ich endlich die grosse Freude haben.

Ich lebe hier in London ein wenig unwillig, weil ich die Sonne sehr gerne habe und umdüsterten Himmel wie einen Bleiring ums Herz empfinde.

Auch habe ich wenig Menschen, die mir hier nahe stehn: es sind zu viele Kühle, Besonnene hier und zu wenig Herzliche. Von den Dichtern sehe ich Yeats[120], der sehr bedeutend ist, Symons und andere, das Problem William Blake fesselt mich mehr und mehr und ich habe ausführliche Studien über ihn gemacht. Es ist gerade jetzt eine treffliche Ausstellung seiner Bilder hier und ich habe selbst auf privatem Wege eine Zeichnung (eines der „visionären Porträts") erworben, die schönste, die ich je gesehen habe und eines Lionardo würdig. Ich freue mich jeden Tag daran.

Von meinen Büchern werden Sie im Herbst hören. England nimmt mir allen Arbeitsmut: Es ist in der Luft eine Schwere, die ich überall fühle. Über Rilkes Buch schrieb ich einen Artikel, den ich Ihnen beilege. Aber wann erscheint Ihr Buch über die Gottesidee[121]? Sie hatten es für das Frühjahr versprochen. Oder ist es schon erschienen? Ich bin hier so fern von allen diesen Dingen, dass es mir leicht entgangen sein könnte.

Ich wollte Ihnen nur heute für die Karte aus Paris danken: so schreibe ich nicht mehr, Sie sind sicherlich zu überlastet, mit Besuchen bestürmt, und da stört Sie jede Correspondenz. Aber in Ihre schwedische Heimat will ich Ihnen dann ausführlich schreiben und vieles erzählen, was ich andern ungern vertraute.

In herzlicher Treue Ihr
ergebener
Stefan Zweig

---

120 Yeats, William Butler (1865–1939), gilt als einer der bedeutendsten englischsprachigen Schriftsteller des 20. Jahrhunderts. 1923 erhält er als erster Ire den Literaturnobelpreis. Vgl.: Brinson, Charmian. Dove, Richard. Taylor, Jennifer: ‚Immortal Austria?‘ Austrians in Exile in Britain. New York: Rodopi, 2006. zitiert aus Zweig, Stefan: Briefe 1897–1914. Frankfurt a. M. 1995, S. 117.

121 *Ihr Buch über die Gottesidee*: Key, Ellen: *Der Lebensglaube*. Betrachtungen über Gott, Welt und Seele. Berlin 1906.

20. BRIEF – KEY AN ZWEIG

12/7   [1906]
Villa Weidenau Thun
(aber ich reise bald ab) auf die Adresse
Furuborg
Jonsered Schweden

Lieber Stefan Zweig!

Sehr danke ich für Brief und Besprechung über Rilke! Ich habe etwas davon in mein Rilke Buch citiert – da ich selbst nicht über die späteren Sachen schreiben wollte und doch Etwas über das Stundenbuch[122] sagen. So nahm ich Etwas von Ihnen, Etwas von Schaukals Besprechung. Dass Verhaeren und seine Frau mir ganz ausgezeichnet gefallen haben, können Sie wissen. Leider war jedesmal jemand da – so recht zum Zusammen Sprechen kamen wir nicht. Aber sie sind einzig liebe Menschen! Wenn Sie nun in London ist, sollten Sie Kropotkin[123] kennen lernen! Fahren Sie ein Sonntag Viola Cottage (sein "at home") nach Bromley Kent – und grüßen Sie von mir; sage ihm wie tief es mir betrübt, daß wir beide in Paris waren ohne uns zu treffen. Ich glaubte ihn in Russland – nun werd ich ihn mein Lebensglaube senden. Auch Ihnen wird es zugesandt!

Nun ist es wohl nicht mehr "Season" in London. Aber Sie können doch versuchen der feine Litteraturkenner (auch die nordische Litteratur kennende) Eduard Gosse. Ich sende eine Karte für ihm. Er wohnt 17 Hannover Terrace Regents Park. Auch Sunday is his day "at home"!

Ich habe Mr. Bazalgette ganz entzückend gefunden! Sage ihm dieses. Und führe ihn mit Rilke (29 rue Casette Paris) zusammen, wenn es möglich ist. Das heißt nun reist Rilke bald. Aber in Winter, wenn Rilke in Paris bleibt.

Daß Sie Mr. Blake[124] so lieben – oh daß freut mir! Ich vergöttere ihm! Wie freue ich mir über Ihre Arbeit!

Ihre Freundin Ellen Key

---

122 Das *Stundenbuch* von Rainer Maria Rilke enthält drei Bücher: Vom mönchischen Leben, Von der Pilgerschaft, Von der Armut und vom Tode.

123 Kropotkin, Fürst Peter A. (1842–1921), russischer Anarchist und Schriftsteller. 1886 siedelt Kropotkin nach London über. Er ist unter anderem befreundet mit William Morris und Philipp Snowdon.

124 Nach dem viermonatigen Aufenthalt in England gibt der Leipziger Julius Zeitler Verlag Zweigs Übersetzung von *Die visionäre Kunstphilosophie des William Blake* von A.G.B. Russell heraus.

Visiten Karte

Ellen Key, Sverige

Dear Mr. Gosse! I send you a young friend, Mr. Stefan Zweig aus Wien, and *Ellen Key* hopes that you and he will have much in common! He is the interpreter of Verlaine and of Verhaeren in the German language. Now he studies your litterature and art, and I hope you will give him a kind welcome as a brother in the "noble international Brotherhood" of the true sence of art!

21. Brief – Zweig an Key

Wien   [August 1906]
Rathausstrasse 17

Sehr verehrte, teure Ellen Key,

verzeihen Sie, dass ich so lange Pause liess nach Ihrem prachtvollen Buche „Der Lebensglaube" und meiner Antwort. Aber ich war ununterbrochen auf Reisen und vielerlei drängte auf mich ein.

Heute erst kann ich Ihre Gabe erwidern. Ein Gedichtbuch „Die frühen Kränze"[125] folgt diesem Schreiben. Es ist eine Auswahl aus Versen, die mir in den letzten Jahren wurden und ich wäre sehr glücklich, würde es Ihnen etwas bedeuten, würden Sie finden, was meine tiefe Sehnsucht bei diesem Buche war: es nicht ein flüchtiges Nebeneinander angereihter Gedichte sein zu lassen, sondern einen Organismus.

Unter den einen Cyclus „Die Nacht der Gnaden" hätte ich gerne widmend Ihren Namen gesetzt, nur war zur Anfrage um Ihre Verstattung die Zeit zu kurz und ohne Ihr Einverständnis wollte ich es nicht wagen. Sie kennen ja noch keine Verse von mir, und ich darf nur hoffen, dass Sie Ihnen etwas sein können.

Meine Tragödie „Thersites" ist vollendet und mehr als dies: sie ist vom Königl. Schauspielhaus in Berlin angenommen. Ein vielleicht einzig dastehender Fall der letzten Jahre, das ein Erstlingsstück gleich glatt ans deutsche Hoftheater geht. Nächste Saison ist die Premiere. Aber ich sehne mich nicht danach: die Darstellung des Theaters wird mir nie Erfüllung bieten können, wie ich überhaupt

---

125 Der Gedichtband *Die frühen Kränze* von Stefan Zweig erscheint 1906 in Leipzig. *Die Nacht der Gnaden* ist ein Reigen von Sonetten im sechsten Kapitel.

den Cult des Theaters gegenüber dem des Buches für ein Zeichen der geistigen Passivität unserer Zeit halte. Ich finde es verderblich, dass die Phantasie, die
doch beim Lesen zeugend sein muss, im Theater schläft und nur die sich stump-
fenden Sinne das szenische Bild immer glaubhafter (untätiger) verlangen, dass
Reinhardt[126] in Berlin als Dekorationskünstler die grossen Erfolge hat. Gegen
diese Überschätzung des Theaters, vor allem gegen die Selbstüberschätzung
der Leute, die nie ein Buch lesen, aber sich als Kunstinteressenten dünken, weil
sie jede Woche zweimal in die „litterarischen" Theater gehen – dagegen drängt
es mich energisch aufzutreten. Kunstgenuss muss ein Mitschöpfen sein und je
mehr Arbeit, desto mehr Genuss und vor allem, desto mehr Kunst. Im Theater
hat sich noch keiner eine Weltanschauung errungen, in der Lektüre schon. Und
schliesslich kommt es doch nur darauf bei aller Kunst an, dass sie fremdes Leben
durchströmt und sie wachsen lässt, dass sie die Seele speist und stark blühend,
zeugungsfähig macht. Das empfinden Sie ja heute so wunderbar stark, das ist
ja jener Glanz über Ihrem letzten Buch: dieser Glaube an eine Entwicklung der
Seele, diese prachtvolle Religion ohne Dogmen, die wir doch alle in uns fühlen.
Ich fühle mich noch zu jung um heute, da ich noch selbst im Wandeln bin, das
Bleibende zu fassen, aber ich fühle, wie mich alles hindrängt. Und in meinen
Versen werden Sie manchmal schon den Schatten der kommenden Erkenntnisse
fühlen.

In London war ich in einem schönen Künstlerkreise, und war, wenn ich auch
England nicht recht lieben konnte, recht glücklich. Die Kühle, das Sich-nicht-
Anvertrauen, die Convention, die Frömmelei, der Buchstabenglaube, der Fana-
tismus waren mir unerträglich und nur die körperliche Schönheit, die innere
Reinheit der Leute half mir über meine Antipathie hinweg.

Nun noch einen guten Gruss. Wollen Sie sich meines Buches annehmen und
es gern haben – Sie beglücken keinen mehr damit als Ihren
    herzlich getreuen

                                                        Stefan Zweig

---

126 Reinhardt, Max (*Goldmann*, 1873–1943), Regisseur u. a. in Berlin, muss 1937 wegen
    der Judenverfolgung in die Vereinigten Staaten fliehen.

22. Brief – Key an Zweig

[Oktober 1906]

Hotel Pension Aurora, Venezia (Deutsches Haus)
nach Diktat Keys von Leonie Guttmann geschrieben
Diese Adresse gilt nicht, doch kommen Sie nach Venedig kann ich Ihnen ein
Dachzimmer dieses Hotels wärmstens empfehlen. Die Aussicht ist besonders
herrlich von Zimmer Nr. 32![127]

In Keys Handschrift: (Die Aussicht ist der Hauptvortheil)

Situation in einem Act

Personen: Ella Frankfurter (sitzt und zeichnet Ellen Key)
Leonie Guttmann (ihre Schwester schreibt nach Diktat des Modells)
Ellen Key (Modell und Diktator)

Lieber Stefan Zweig, wir hatten uns alle so aufrichtig auf Sie gefreut, dass es eine
schmerzliche Enttäuschung für uns war, dass Sie Meran Triest vorzogen, oder
besser gesagt, dass das Fatum auch diesmal unsere Begegnung nicht wollte. In
Ihrer freundlichen Karte von Schloss Labers[128] sprechen Sie die Hoffnung aus,
dass wir uns noch einmal begegnen sollen und ich theile zwar diesen Optimis-
mus, obschon er in meinen Jahren schwerer fällt als in den Ihrigen. Sie haben ihr
Leben noch vor sich und ich muss es doch schon bald verlassen. Als Surrogat
habe ich Ihr sympathisches Gesicht in einer Zeitschrift gefunden, im Zusammenhang mit dem Bauernfeldpreis[129], zu welchem ich Ihnen Glück wünsche, wie
auch zu der baldigen Aufführung des „Thersites".
  Aber besonders beglückwünschen wir alle drei den Dichter der „Frühen
Kränze". Wir haben sie hier zusammen wiederholtemale gelesen. Es spricht aus

---

127 Aus der Schweiz über Venedig kommend ist Key von September bis Ende Dezember
     1906 in Triest zu Gast.
128 Schloss Labers bei Meran, ein schlossartiger Bau, wird schon im 12. Jahrhundert
     schriftlich erwähnt.
129 *Bauernfeld Preis*: Angesehener Preis der Stadt Wien seit 1894. Zweig erhält ihn 1906
     für *Die frühen Kränze*.

Ihnen ein echter Dichter, einer von den Seltenen. Sie haben die schöne Gabe, welche in unserer Zeit selten ist, wirklich singen zu können und dadurch nicht nur Tiefes sondern auch Schönes zu sagen. Leonie Guttmann hat auch Ihren „Verlaine" und die „Silberen Saiten" kommen lassen und obschon Ihr eigenes Urtheil über die „Saiten" sehr streng war, haben wir darin Verse gefunden, die uns schon den Poeten der „Kränze" verheisst. – Wollen Sie die Güte haben, Verhaeren zu sagen, dass sein zugesandtes Buch noch in Schweden ist und ich es noch nicht gelesen habe. Bitte sagen Sie Ihm herzlichen Dank dafür in meinem Namen. Soll ich es dann an die St. Clou-er Adresse zurücksenden?

-- was ich über Ihre Lyrik gesagt habe darin stimme ich mit dem Urtheil beider Schwägerinnen[130] des Raoul Auernheimer überein. Frau Ella Frankfurter hofft, dass wenn Ihr Weg Sie über Triest führen sollte und auch Ellen Key nicht da ist, Sie doch den Weg zur „Villa Ella" finden werden. Ich rathe es Ihnen zu thun, Sie werden Freude davon haben. – Sie wissen wohl, dass Rilkes Adresse: Capri, Villa Discopoli ist, wo ich im März mit ihm zusammen sein werde. Hoffentlich sind Sie im Kontakt mit ihm und konnte er sich auch über Ihre „Kränze" freuen.

Mit den besten Wünschen nicht nur für Weihnachten sondern auch zum neuen Jahr, welches durch Ihre Premiere besonders bedeutungsvoll für Sie werden wird, scheide ich nun

In Keys Schrift: als Ihre treue Freundin
    Ellen Key
Meine Adresse während Januar ist:
Poste restante Siracusa

P.S. Sie haben wohl nicht vergessen, Leo Grünstein[131] zu sagen, daß seine Gedichte mir (besonders durch das Gemüth) sehr lieb waren?
Eine feine junge Seele!

---

130 Guttmann, Leonie und ihre Schwester Ella Frankfurter, geb. Guttmann; Raoul Auernheimer, mit dem Zweig später intensiv korrespondiert, heiratet Irene Guttmann.
131 Grünstein, Leo (1876 Lemberg – 1943 KZ Theresienstadt), Schriftsteller.

23. BRIEF – ZWEIG AN KEY

Wien [November 1906]
Rathausstrasse 17

Sehr verehrte teure Ellen Key, ich danke Ihnen innigst für Ihren Brief, den ich seit ich ihn erhielt – täglich in Gedanken beantwortet habe. Es ist mir so unendlich wertvoll, dass Ihnen meine Verse etwas sind und dass Sie sie von der richtigen Seite betrachten: von der menschlichen. Mich ekelt das Lob, das ich von vielen Seiten dafür empfange, innerlich an, weil immer die artistische Vollendung darin gepriesen wird und so wenige fühlen, inwieweit sie mit dem inneren Erlebnis zusammenhängen. Und mir war die Artistik nur ein notwendiges Durchgangsstadium, etwa wie ich fremde Sprachen nur erlernte, um den Dichtern und den Menschen dann nahe treten zu können Sprachkunst war mir nie viel mehr als die Möglichkeit, das schon im Begriff Fliessend-Empfundene (das ja jedes Gefühl hat) leichter zu fassen und nie Selbstzweck. Ich habe vielleicht auch nicht die ganz reine Liebe zur Kunst – nur dem Verstehenden wage ich es zu sagen – sondern sie ist nur ein Kettenglied der Lebenskunst, des Erlebens im universalsten Sinn, das ja bedingt mit vielen Menschen zu leben und von vielen erlebt zu werden. Gewissermassen das Durchströmen des Vielfältigen, das wir erleben können, zu beschleunigen. Darum fühle ich mich auch immer, wenn ich in Wien bin, gehemmt, ich atme nie in ganz freier Luft, weil ich zu wenig neuen Lebensinhalt trinke. Ich habe zu wenig neue Menschen (verbrauche auch vielleicht die mir Begegnenden zu rasch durch vorschnelle Hingabe) mir fehlt auch dieses einzige Glück der Fremde, fremd im Fremden zu stehen: und doch zu wissen, dass man sich ihm einen kann. Ich verstehe im tiefsten Ihre stete Wanderschaft, ich weiss, dass sie nicht Unrast ist, sondern ein Ruhen im stet bewegten Zustand. Nur ich lebte selbst so, hielten mich nicht einige Bedenken und Umstände (Familie, Kunst) zeitweilig fest: wie weit ich aushole, ich schwinge immer nach Wien zurück. Und dadurch geht ein Wunderbares verloren: dass man sich in der Fremde nicht zu Hause fühlt, dass man doch irgendwie das Freigefühl nicht ganz empfindet, die beiden Zustände Heim und Ferne nicht ganz gleichsetzt. Ein paar Brocken dieser Empfindung finden Sie ja in meinem Gedicht „Wanderherz".

Von Rilke (den ich immer mehr liebe und dessen edle Lebensform procul negotiis[132] ich als vorbildlich empfinde) erhielt ich ein paar sehr liebe Zeilen. Und empfing die Neuauflage des „Buches der Bilder"[133], in der mich viel köstlich berührt, vor allem eine Rückkehr ins Lebendige hinein. Seine Verse waren schon auf der letzten Kante, schon wollten sie – nur mehr Melodie – über die Erde hinaus. Und nun sehe ich, wie sie sich wurzelnd wieder in die Welt hineingraben; der Wirklichkeit der Seele (nicht mehr des Seins) ganz leben. Und ich liebe sie mehr als je und verklage das böse Geschick, das mir nie eine Stunde mit ihm gab. Jedenfalls habe ich hier Verhandlungen eingeleitet, die eine Einladung zu Vorträgen bei sehr schönen Bedingungen zeitigen dürften: und ich hoffe, Rilke wird ihnen Folge leisten. Schade, dass sich das Erscheinen Ihres Buches so lange verzögert.[134]

Verhaeren frug bei mir nur an, ob sein Buch schon in Ihren Händen wäre und bittet mich, Ihnen herzliche Grüsse zu übermitteln. Ich dringe tiefer und tiefer in die reiche Welt des "Multiples Splendeur"[135] ein, in dieses kristallklare helle Gebiet reinster Menschengüte und edelster Kunst. Manchmal ist mir, als sei hier Letztes definitiv gesagt. Aber ich misstraue mir, denn vielleicht liebe ich ihn zu sehr, um seiner Dichtung gegenüber unbefangen zu empfinden. Ich fühle nur einen dumpfen Zorn, wenn ich sehe, dass so ein Buch, so ein Dichter in die Welt tritt und es ist eine Stille ohne ehrfurchtreinen brausenden Jubel. Zwar: Verhaeren geizt nicht danach, und sein Leben ist menschlich viel zu reich, als dass es durch so kleinliche Misstimmungen überhaupt nur angerührt werden könnte. Aber uns, die wir ihn lieben, muss es Kränkung sein, obwohl unsere Liebe dadurch viel reicher wird, dass wir noch so wenige um ihn sind.

Für den Frühling in Palermo[136] sende ich Ihnen die innigsten Wünsche. Ich habe selbst im Süden immer eine wunderbare Wunschlosigkeit empfunden nur die blaue Klarheit eines immerstillen Himmels. Und ich weiss, ernste Arbeit wächst dort rascher empor, wie im Norden. Hoffentlich schenkt uns das nächste Jahr Neues von Ihnen. Ich freute mich sehr darüber, wie wohl ich bei aller Liebe Ihre Werke nie als

---

132 Nach Horaz etwa: *Glücklich ist jener, der fern von den Geschäften ist* (Beatus ille, qui procul negotiis).

133 Zweite Auflage (1906) einer Sammlung von Gedichten Rilkes; eine erweiterte, formal und inhaltlich wesentlich veränderte Ausgabe der schon 1902 erschienenen Sammlung.

134 Key, Ellen: Persönlichkeit und Schönheit in ihren gesellschaftlichen und gesellig Wirkungen. Essays. Übertragung von Francis Maro, Berlin 1907.

135 Verhaeren, Emile: *La Multiple Splendeur*. 1906.

136 Auf ihrer zweiten Vortragsreise gelangt Key am 24.12.1906 von Triest kommend nach Palermo und dann nach Syracus.

das Bedeutendste an Ihnen empfunden habe. Sie scheinen mir nie Ihr ganzer Wert, sondern immer nur ein Überschuss ein Überreichtum, gern, mit vollen Händen und an jeden gegeben. Oft denke ich daran wie viel Sie in Deutschland getan haben und dass die Saat, die Sie heute in Mädchen saeten, erst in ihren Kindern reif sein wird, dass wir, die Jungen, einst erst überschauen werden, wie wunderbar weit ihr Feld war. Manchmal, wenn ich von Ihnen spreche, merke ich, wie unendlich Sie von Menschen geliebt sind, die Sie nie kannten, und empfinde die ganze Gnade, die dem gegeben ist, der das Wahre nicht nur weiss, sondern es auch mit Worten beflügelt. Davon will ich Ihnen einmal erzählen, wenn wir beisammen sind. Und es ist eine der liebsten Hoffnungen meines Lebens, dass sich das bald erfüllt.

Ein Wort noch von meiner Arbeit. Meine Tragödie wird wohl nächstes Jahr gespielt und bald beginne ich eine neue.

Ein merkwürdiges Motiv, das sich nicht rasch in Worten entblättern lässt, habe ich in die alttestamentarische Zeit gestellt. Und wie ich jetzt zum Studium die Bibel lesen will, komme ich über das Buch Koheleth[137] nicht hinaus: es scheint mir Alles darin schon gesagt zu sein, wenn auch Pessimismus mir sonst nicht des Lebens Sinn scheint. Aber jedes Mal reisst mich die wunderbare Klage hin.

Nun meine herzlichen Wünsche für Kunst und Leben. Innig getreu Ihr

Stefan Zweig

24. KARTE – KEY AN ZWEIG

[7.11. 06]

Herr Stefan Zweig
(I) Rathausstraße 17
Wien

59 Via Farneto Triest
(bei Generaldirektor Frankfurter)
Lieber S.Z!
Ihre Gedichte, von welchen viele mir ganz glücklich machen, Ihren Brief könnte durch Ihre Gegenwart noch schöner werden! Kommen Sie?!? Nächsten Sonntag

---

137 Koheleth, bzw. Kohelet, Bezeichnung eines Buches aus dem Alten Testament, der Tora. In der evangelischen Bibel nach Martin Luther gehört es unter der Bezeichnung „Prediger Salomo" zu den Lehrbüchern des Alten Testaments und behandelt die Themen Torheit und Weisheit, Vergänglichkeit des Irdischen.

vielleicht? Meine liebenswürdige Gastgeber (von welche eine Schwester gerade der Dichter Auernheimer nun heiratet) bitten Sie auch.
Ich bleib noch circa 10–12–14 Tage hier.
Ihre E. Key

Antwortbrief Zweigs fehlt.

25. Postkarte – Key an Zweig

Korrespondenz – Karte
Cartolina di corrispondenza
Herr Stefan Zweig,   E, Key
Rathausstraße 17,   59 Via Farneto
Wien I   Trieste

Via Farneto Triest 5.12.1906
Lieber S.Z!
Wie froh Ihren Brief uns gemacht hat. Erst 21. reise ich fort von hier! Ella Frank-furter kommt in ein paar Tagen nach Wien (Ihre Schwester[138] heiratet 12/12 Raoul Auernheimer) und wohnt in Hotel Sacher. Bitte suche Sie da und verab-rede Näheres mit sie. Sie können kommen wann Sie wollen. Aber da auch Ella Ihre Gedichte sehr liebt, wäre es schade, wenn ihr euch verfehltet.
Ihre Ellen Key

Briefe und Karten bis Juli 1907 verschollen.

---

138 *ihre Schwester:* Irene Guttmann

26. Postkarte – Key an Zweig

Cartolina Postale Italiana
Herr Stefan Zweig   [28.07.07]
17 Rathausstraße [!]
Wien I

<u>Austria</u>

Adresse 1. Aug -1. September   Villa Barbafioro Volterra

Lieber Stefan Zweig, ich hoffe Sie werden mir nicht böse sein, daß Ihr Brief so lange ohne Antwort blieb? Und schreiben Sie Verhaeren sage ihm, daß ich nun über <u>Multiple Splendeur</u> und <u>Tout la Flandre</u> schreibe! Rilke selbst will <u>nicht</u>[139], daß mein Buch über ihn kommt. Und Sie? Wann sehen wir uns? Im Herbst in Berlin <u>hoffe ich</u>? Wann ist die Premiere[140] (<u>ungefähr</u> meine ich?)
Wo sind Sie indessen?
Ihre sehr ergebene Ellen Key

27. Brief – Zweig an Key

Wien VIII Kochgasse 8   [Juli 1907]

Sehr verehrte, liebe Ellen Key, ich danke Ihnen vielmals für Ihre Karte. Gestern erst schrieb ich an Rilke die Bitte, mir zu sagen, wann er im September in Italien sei und wo, damit ich endlich die Freude haben könnte, ihm zu begegnen. Ich habe nämlich die Absicht am 15. September Wien zu verlassen, über Schenna[141], Corsica und Sardinien nach Rom zu fahren und dort den Oktober, vielleicht auch den November zu verbringen. Wüsste ich aber Sie, verehrte Ellen Key, um diese Zeit irgendwo in der norditalienischen Landschaft, so würde ich mich gerne zu einer Abänderung meines Planes entschliessen. Es wäre für mich ein Erlebnis mit Ihnen und Rilke, mit zwei Menschen, die mir nicht nur bedeutungsvolle Namen, sondern auch Vorbilder und Meilensteine meiner eigenen Entwicklung sind, ein paar Tage verbringen zu dürfen und ich glaube, ich könnte

---

139 Key beabsichtigt, zunächst in Schweden einen Text zu veröffentlichen, aber Rilke fühlt sich von Key nicht richtig interpretiert und bittet sie damit zu warten.
140 Gemeint ist die Premiere des *Thersites*.
141 Ort imTrentino, Südtirol, oberhalb von Meran.

das nie besser als in Italien, wo Sie nicht, wie in Wien oder Berlin, umdrängt sind von der übergroßen Schar derer, die Sie lieben oder die sich selbst in Ihrem Werk zu erkennen glauben. Bitte schreiben Sie mir, wo Sie vom 15. September bis 15. Oktober sind: wenn es irgendwie in den Grenzen der Möglichkeit liegt, will ich den Weg in Ihre Spuren lenken.

Nach Volterra sende ich Ihnen noch im August meine Tragödie „Thersites", die im März in Berlin Premiere hat. Ich erwarte den Tag nicht mit sonderlich viel Freude, weil mir das Theater nie eine Erfüllung künstlerischen Wollens scheint und die Fülle äusserer und innerer Unzulänglichkeiten nie eine innere Harmonie aufkommen lassen. Das Theater ist ja doch nur für die, die nicht selbst sich aus einer Seite Shacespear's die Landschaft aufbauen können und die Menschen hineinstellen, sondern als Arme in der Phantasie Coulissen brauchen, Schminke und eine falsche fremde Wirklichkeit, statt der echten eigenen. Ich würde Kinder nur sehr selten ins Theater führen, gerade nur, um ihnen die Elemente schauspielerischen Materials vertraut zu machen, gäbe Ihnen aber viel Dramen zu lesen, um sie zu zwingen, aus sich heraus Menschen aufzubauen und aus eigener Stimme die fremden zur lernen. Trotz Matkowsky's[142], des letzten Heroen, der den Achill in meiner Tragödie spielt, trotz alles möglichen Erfolgs wird die Premiere eine geheime Bitternis für mich sein. Das werden Sie vielleicht gleich fühlen, wenn Sie das Stück gelesen haben werden, dass, soviel darin sich auch nach dem Wort und nach der Rampe sich sehnt, nicht wenig darin ist, das Schweigen und Dunkel begehrt.

Aber von allen diesen Dingen möchte ich Ihnen lieber am Arno reden oder am Meer, oder irgendwo zwischen Wäldern und Weingärten. Hoffentlich wird es möglich! Bitte schreiben Sie mir also Ihre Herbstpläne.

In Verehrung und Liebe
getreu Ihr

Stefan Zweig

---

142 Matkowsky, Adalbert (1858–1909), deutscher Schauspieler. In Berlin gilt er als einer der bedeutendsten Shakespeareinterpreten seiner Zeit. Er muss wegen Krankheit, die wenig später zum Tod führt, die Hauptrolle im *Thersites* niederlegen.

28. Postkarte – Key an Zweig

Cartolina Postale Italiana

Herr Stefan Zweig
8 Kochgasse
Wien VIII
Austria

Villa Barbarfioro, 20/8.07 <u>Volterra</u>
Lieber Freund, ganz September und Oktober bin ich in Toscana – am längsten
in Bagni di Lucca (Sept. 2 Wochen) – (Shelleys und The Browning's geliebter
Platz!) und in Florenz. (= Oktober 2 Wochen) Gewiss treffen wir uns. Ich sehe
ja <u>Corsica</u> jeden Tag von mein Fenster! Sie <u>müssen ja</u> über Livorno zurück um
nach Rom zu kommen!! Nehmen Sie <u>Sept.</u> für Genua, Corsica und Sardinien –
und kommen Sie <u>Anfang</u> Oktober nach Bagni di Lucca <u>oder</u> Firenze. Schreibe
auf diese Adresse bis Weiteres,
Ihre Ellen Key
Schräg, in Rot: Rilke bleibt in Paris glaube ich – wenn ich schon da bin!
Aber <u>viel</u> besser Bagni d. Lu!

29. Postkarte – Key an Zweig

Cartolina Postale Italiana   [31.08.1907]

Herr Stefan Zweig
8 Kochgasse
Wien VIII

<u>Austria</u>

Daß wir uns verfehlen ist meine Unruhe. Darum gebe ich meine Adresse:
von <u>16. Sept</u> – <u>1 Oktober</u> Hotel Savoia Bagni (caldi) di Lucca. So fahre ich etwas
herum und bin ungefähr 7 Oktober in Firenze 6 Via Turnobuoni (Zimmer). Laß
mir ein Wort auf die erste Adresse bekommen.
Ihre E. Key
31.8.

Eine Antwort Zweigs ist verschollen.

30. Postkarte – Key an Zweig

[17.09.1907]

Herr Stefan Zweig
8 Kochgasse
Wien VIII
Austria

....Nicht Lucca, sondern Bagni (caldi) di Lucca!! Man wechselt Zug in Lucca,
nimmt ein Wagen (3 Lire) nach Bagni caldi Hotel Savoia – in herrlichste Lage.
Versuchen Sie hierher zu kommen – so viel schöner uns hier zu sehen in Ruhe
als Florenz! Dort bin ich cirka 10 Okt. 6 Via Tornabioni (Zimmer).
Ihre sich sehr freuende E. Key
Bagni (caldi) di Lucca

Zweigs Antworten sind verschollen.
Nach dem geglückten Treffen in Bagni di Lucca wird ein weiteres Treffen in Rom
geplant.

31. Postkarte – Key an Zweig – Ansichtskarte

Vorderseite: Bild vom schiefen Turm von Pisa   [17.10.1907]
PISA – La cattedrale e la Torre
Herr
Stefan Zweig
Pensione Ludovici
Via Emilia 18
Roma

6 Via Tornabuoni
Firenze
17/10
Lieber S.Z!, ich danke Ihnen sehr für unser schönes Zusammensein und der
Karten.

Ich komme gegen 1.11. nach Rom, sage dieses die Cenas und Leonore Schultz[143].
Dank diese für die erfreulichen Karten aus Positano. Wie freue ich mir, daß
Rom für Sie in die richtige Stellung steht: d. h. nicht wie dieser sich <u>tief biegende</u>
<u>Thurm</u> von Pisa!
Ihre Ellen Key
Platzsparend ist quer darüber noch ein Text in rot geschrieben:
Soeben habe ich die Verhaeren Korrekturen gelesen. Frage Cena, ob er diesen Essay
für <u>Nuova Anthologia</u>[144] haben will. Dann lass ich Leonore Schultz aus das <u>deutsche</u>
Korrektur es für ihn übersetzen. Es ist cirka 6 Seiten in Nuova Anthologia.

32. GEMEINSAMER BRIEF VON ELLEN KEY UND LEONORE SCHULTZ AN ZWEIG

Sonnabend morgen   [Rom, 40 Via Lombardia]
Schultz: Geehrter Herr Zweig
Key: (nein nicht geehrt!):

Lieber Bubi!
Schultz: Ellen Key sagt dieses, und dass sie mit der größten Freude das Goethe Buch
gelesen hat, u. Ihnen dafür eine Freude machen wollte indem Sie mit Dir. Boni
u. Cenas das Forum sehen sollten heute, aber leider war Boni noch nicht in Rom.
Für morgen ist folgendes geplant: Rendezvous mit Cenas am Tram nach Tivoli (bei
Porta San Lorenzo) um 9.15; Abfahrt 9.30 --.
Es geht links vom Bahnhof in via Porta di Lorenzo eine grüne elektrische Bahn
nach der Tram Station („San Lorenzo").
Wir, Ellen Key und ich, wollen um <u>halb neun hier fort</u>, denn es ist ziemlich weit.
Natürlich nur, wenn es nicht regnet!
Haben Sie heut Abend nichts zu tun, so lässt Ellen Key Ihnen sagen, dass sie allein
(?) nach acht bis neun zu sehen ist.
Herzlichen Gruss von uns beiden.
Ihre Leonore Schultz
Key: und Ellen Key

---

143 Schultz, Leonore (1887–?), österreichische Lehrerin und Malerin. Freundin Ellen
      Keys, in Rom lebend; Freundin und zeitweilig Verlobte von Karl Wolfskehl.
144 Der vollständige Name der Zeitschrift lautet *Neue Anthologie der Wissenschaften,
      Briefe und Künste*. Die „Neue Anthologie" will wissenschaftliches Wissen mit huma-
      nistischem Wissen verbinden. Giovanni Cena (Chefredakteur) steht sowohl für die
      Qualität der produzierten Texte als auch für die moderne Note mit kritischen Essays
      sowie für journalistische und politisch-kulturelle Untersuchungen durch junge
      Schriftstellerinnen und Pionierinnen des italienischen Feminismus.

33. Postkarte – Key an Zweig – Ansichtskarte

Vorderseite: Relief: Roma Museo Laterano. Ornato.
Geflügelte Putten, Flüssigkeit aus einem Krug ausgießend

Herrn
Stefan Zweig
VIII Kochgasse 8
Vienna
Austria
Diese Karte ist diagonal von verschiedenen Personen beschrieben, auf gemeinsame Erlebnisse in Rom anspielend.

Spedite in 22.11.1907 da 40 Via Lombardia Roma, mit Andächtigen, welche um die Kaffé Maschine versammelt sind und welche diese gießenden Knaben als Symbolen von der gießenden Kaffé maschine an der Vecchio[145] von dir (diesen Abend Giordana Bruna gießt dieselbe Maschine) senden!
Giordana Bruna E. Key
Laufjunge Helene Weochino[146]
Grüsse Walther Nissen, der glückliche Vater
Louis Weigert, der Täufer
Leonore – nicht d'Este – ebenfalls begeisterte Patin
Remi Assmann (als Gevatterin) -
(*neben einem Fleck*) Dies ist ein Kuss der Dame Giordana
Alles ist vollkommen gewesen, nur der Zweig hat uns gefehlt!
Sehr gefehlt! Leonore

Verschiedene sind Briefe verschollen: z. B. der, in dem Key anregt, Marie Herzfeld[147] in Wien aufzusuchen.

---

145 Via Romana Porto Vecchio.
146 Louis Weigert Helene Weochino, Walher Nissen, Remi Assmann: nicht ermittelbar.
147 Herzfeld, Marie (1855–1940) österreichische Schriftstellerin, Literaturkritikerin und Übersetzerin. Gute Kontakte zu Marie von Ebner Eschenbach, Marie Franzos, Rainer Maria Rilke und Gustav Klimt. Längere Zeit Vorsitzende des Vereins der Schriftstellerinnen und Künstlerinnen in Wien. Sie übersetzt skandinavische Literatur, z. B. von B. Björnson, K. Hamsun und J.P. Jacobsen.

34. POSTKARTE – ZWEIG AN KEY – ANSICHTSKARTE

Wohlgeboren Fräulein Ellen Key   [12.12. 07]
Berlin W (Deutschland)
Joachimsthalerstr. 13

VIII Kochgasse 8 Wien S.Z.

Vorderseite mit Bild und Text: Männliches Bildnis

Abbildung 5: Männliches Bildnis

Liebe verehrte Ellen Key, auf meinem Lieblingsbilde schreibe ich Ihnen: erstlich
um Ihr Bild, dann um die Adresse in etwa 8 – 14 Tagen, denn ich habe eben
ein Feuilleton über Ihr Rahelbuch[148] zu schreiben, das ich Ihnen doch zusenden
möchte. Und dann – ich schäme mich – aber ich war nicht bei Marie Herzfeld,
ich kann und kann und kann zu niemandem Fremden gehen. Verzeihen Sie das
Ihrem treuen Stefan Zweig.

*Die Karte ist vielleicht als Geburtstagsgruß gedacht, denn den 58. Geburtstag
im Dezember 1907 feiert Key mit Freunden in Berlin. Joachimsthalerstraße 13
(Adresse der Postkarte).*

---

148 Key, Ellen: Rahel. Eine biographische Skizze. Berlin 1907.

35. POSTKARTE – KEY AN ZWEIG – ANSICHTSKARTE

Vorderseite: Scherenschnitte mit Personen, Hunden und Ziegen aus
WERCKMEISTERS KUNSTHANDLUNG, BERLIN W., LEIBZIGER STRASSE 42.

[14.12.1907]

Herr Stefan Zweig
8 Kochgasse
Wien

13 Joachimsthaler Straße Berlin
14/12 Adresse in Schweden (nach 20/12)
5 Bö i Göteborg Schweden[149]
Lieber Freund, vor 2 Tagen fotografiert, werden Sie bald mein letztes größ-
tes, schönstes Bild haben! Sie hatte(n) schon etwas über Verhaeren gehabt,
so mein kommt anderswo. Mit Freude denke ich an unsere Lucca und
Roma Tagen.
Ihre Freundin E. Key
Am Rand: Die Hünden und Ziegen für „Bubi".

36. BRIEF – KEY AN ZWEIG

1. Januar 1908
Jonsered Schweden
Mein lieber Stefan Zweig,
1907 war mir zu schnell zu Ende und ich kam nicht zu dem Brief welcher mir
doch sehr wichtig war, den Brief um Ihnen zu danken für den Feuilleton über
Rahel[150], welcher mir eine große Freude war! Obschon Sie nicht ganz recht
haben in die Auffassung von Rahel. Sie war schon ganz jung ganz wunderbar
einheitlich; gar nicht so zerrissen oder egoistisch oder unharmonisch wie Sie
glauben! Natürlich ist sie ja viel schöner wenn sie reifer wird. Aber der Gegensatz ist nicht so grell wie Sie glauben! Aber wie voll von feines Durchdringen

---

149 Das Villenviertel Bö liegt nördlich von Delsjöbäcken.
150 Zweig schreibt für das Feuilleton der *Neuen Freien Presse*, deren Redakteur u. a. Theo-
      dor Herzl ist.

zeigt doch Ihre Artikel; wie viel Sympathi für meine geliebte Rahel! (und auch
für mir!) Ich danke Ihnen! Leider wurde Harden krank, wenn ich ihm sehen
sollte, und nun scheinen die Teufel auf ihn losgelassen und wenn ich im Anfang
April – nach Berlin komme ist er vielleicht in Gefängnis?[151] Hoffentlich sind Sie
bei diese Zeit in Berlin?
Ich halte da 6. 8. 10. April Vortrag.
Wenn Sie von Rudolf Burghaller sein Drama Phryne[152] bekommen, thun Sie alles
bitte, um ihm zu helfen, durch eine Besprechung. Ich meine Alles, was Sie mit
ein gutes Gewissen thun können! O. Bie[153] hatte schon ein kleine Sache über Verhaeren gehabt, darum nahm er mein Essay nicht. In „Ord och Bild" ist es (mit 3
Bilder) gewesen. Wissen Sie irgendetwas von Rilke??
Es ist sehr kalt, aber klar und weiss, eine arme Sonne strahlt von ein blau weisser
Himmel ohne zu wärmen, ich friere und habe Schmacht nach Italien!
Ach liebes Kind, wie war es in Bagni di Lucca, in Rom schön in unserer Trio;
wie gut wir zusammen gingen und wie ganz anders wir einander nun kennen als
der Fall wäre, hätten wir uns erst in eine Großstadt gesehen! Für 1908 hoffe ich
Ihnen Viel Gutes:
1. eine schöne Aufführung des Thersites
2. eine wunderbare Reise nach Indien
3. aber eigentlich eine recht tiefe und große Erfahrung, ein Erlebnis von Liebe
   und Glück – oder Schmerz – welche Ihr ganzes Wesen durchglühen kann!
   Sie haben die seltene und schöne Gabe der Bewunderung; Sie müssen ganz
   gewiss auch die Gabe der Liebe haben? Aber nicht die kleine zufällige sondern die große notwendige Liebe!
Mag 1908 Schönes in vielen Beziehungen bringen, Großes in einigen!

Ihre treue
Freundin
E. Key

---

151 Harden, Maximilian (1861–1927), Herausgeber der Wochenschrift *Die Zukunft*. Zu
   besonders harten Auseinandersetzungen führt seine Behauptung, dass Philipp zu
   Eulenburg, ein enger Freund und Berater des Kaisers Wilhelm II, homosexuell ist und
   einen Meineid geleistet hat. Es kommt 1906 zur sogenannten Harden – Eulenburg
   Affaire.
152 Burghaller, Rudolf: *Phryne*. Drama mit einem Vorspiel und drei Akten (Vermutlich
   1907 erschienen).
153 Bie, Oskar (1864–1938), Kunsthistoriker, Herausgeber der Literaturzeitschrift *Neue
   Deutsche Rundschau*. Berlin ab 1894.

PS.: Hoffentlich hat mein von Berlin gesandtes Bild Ihnen gefallen?
(das roth unterstrichene zu beantworten, bitte!)
Am Seitenrand: Gehen Sie zu R. Kassner[154], bitte, und sage, daß mein Rahel Buch
zu ihn kommt.

Abbildung 6: Ellen Key um 1908

---

154 Kassner, Rudolf (1873–1959), österreichicher Schriftsteller, Essayist und Kulturphi-
losoph. Mit Key verbindet ihn die Ansicht, dass die menschlicheFähigkeit der „Ein-
bildungskraft" es erst ermöglicht, die Welt als Einheit oder Gestalt anzuschauen und
die Dinge zusammenzusehen. Rilke widmet ihm die achte *Duineser Elegie*; er hält
Kassner zeitweise für den hellsichtigsten Kulturphilosophen seiner Zeit.

37. Postkarte – Key an Zweig

Adr: Herr Stefan Zweig   [28.03.1908]
8 Kochgasse
Wien
Österreich

Vergebens kam ich auf Nachricht über Thersites? Ich bin in Berlin 5 – 17 April,
Pension Ludwig, 39 und 40 Markgrafenstraße (das Schauspiel Haus gegenüber)
und hoffe da ein Lebenszeichen! Von Verhaeren einen lieben Brief!
28/3 1908 Ihre Freundin E. Key

am Rand: (Nicht Kurfürst falls die Gräfin Stone dieses schrieb.)

38. Brief – Zweig an Key

VIII. Kochgasse 8
Wien,   2.IV.1908

Liebe, sehr verehrte Ellen Key

warum ich Ihnen

so lange nicht geschrieben habe, ich weiss es selbst nicht recht. Ich denke doch
oft und immer so herzlich und dankbar an Sie, aber es war vielleicht nicht viel
Gutes zu erzählen. Mein Stück, das längst schon gespielt sein sollte, ist nun bis
Ende April verschoben und ich komme zur Premiere gar nicht nach Berlin, ich
bin so müde all der Zänkereien, die ich damit hatte, so fern schon von vielem
darin. Vor drei Wochen warf ich alles von mir, ging nach Schloss Labers bei
Meran und hatte dort köstliche Wintertage voll milden Sonnenscheines. Nun
ruh ich noch bei kleineren Arbeiten aus, schreibe paar Artikel und Vorreden,
um im Sommer ein neues Drama zu beginnen. Im Winter geht's nach Indien.
Genug von mir!
Ich bin so sehr in Ihrer Liebe, Ihres Interesses froh, dass ich nicht umhin konnte,
dies Tatsächliche zu berichten, aber ich fühle manchmal als das Litterarische als
so nebensächlich gegen Ihre freundschaftliche Art, die einem auch Persönlichs-
tes zu vertrauen leicht machte. Mein Glück und Zufriedensein rührt nur selten
an das Geschriebene, mehr an Menschen, und ich habe nun einige dazugewon-
nen. Die ich durch Sie habe, Leonore Schultz und Cenas, sind mir bewahrt, das

zeigen mir liebe Briefe, die kamen und liebe Erinnerungen brachten, die „Nostalgie d'Italie" heftig entfachend. Und Sie, liebe, teure Ellen Key, sind jetzt in Berlin[155].

Wüsste ich Sie dort nicht so umdrängt, ich wäre auf zwei Tage gekommen, aber ich weiss, die Liebe der anderen ist ebenso stürmisch und vielleicht noch unduldsamer. Ich wünsche Ihnen viel Freude dort. Falls Sie Harden aufsuchen, sprechen Sie Ihm Trost zu. Viele sind von ihm in kläglicher Weise abgefallen und er schlägt jetzt mit Erbitterung um sich. Sonst habe ich eigentlich niemand dort, dem Sie in diesem Momente so wichtig wären.

Und dann gehen Sie ja nach Mailand![156] Wollen Sie nicht in Bozen Rast nehmen oder in Meran? Es ist so einzig dorten, so wunderbare Schneekühle mit italienischer Sonne gemengt; dorten zu leben, scheint mir eine dauernde Zufriedenheit (und die verdienen Sie wie niemand, wie niemand mehr.) Schreiben Sie mir bitte, Ihre Aufenthaltsorte, vielleicht reisse ich mich einmal von Wien wieder los. Oder sehe ich Sie im Sommer, der mich wohl nach Belgien trägt?

Und nun viele Grüße!

Hoffentlich haben Sie viel Schönes geschaffen und ich sehe es bald. Das Rahel Buch scheint mir nicht ganz gewürdigt worden zu sein, fast hätte ich Lust ein weiteres Mal davon zu reden. Denn ich hab's viele Male seither zur Hand genommen.

Ihr Getreuer

Stefan Zweig

---

155 Key befindet sich auf einer der Stationen ihrer dritten Vortragsreise; in Berlin erneuert sie ihre Kontakte zum Berliner Frauenklub (Hedwig Dohm, Gabriele Reuter, Helene Stöcker, Minna Cauer) und tritt in Kontakt zu Martin Buber, der sie für seinen nächsten Band der Reihe *Die Gesellschaft* gewinnen will.

156 In Mailand spricht Key auf der internationalen Frauenkonferenz der „Unione Femminile"; u. a. nehmen Sybilla Alaramo, die Frau von Giovanni Cena, und Maria Montessori teil. Die Unione Femminile Nazionale ist eine 1899 in Mailand gegründete Organisation zur Emanzipation von Frauen.

39. POSTKARTE – KEY AN ZWEIG

Herr Stefan Zweig
Kochgasse 8
Wien
Oesterreich [9.04.1908]

39 und 40 Markgrafenstraße (Pension Ludwig am Gendarmenmarkt) Berlin 8/4
Wie schön, wenn Sie käme!! Ich bleibe noch Ostern hier! Gar kein „Strudel"! Zu
M. Harden gehe ich. Nun wird hoffentlich die „Phryne" zu Ihnen kommen: ich
bin sehr neugierig wie Sie es finden werden? Drei Frauenschicksale[157] (von mir)
kommen bald zu Ihnen. Ein neues Rahelbuch „Rahel u. ihre Freunde"[158] von
Albine Fials gibt Ihnen die gewünschte Gelegenheit etwas auf meine Rahel
zurückzukommen. Von Walther Nissen habe ich (aus Florenz 2 Via della Scala)
Brief. Wo war die schöne Promenade aus Botzen, welche Sie wollte, daß ich im
Herbst thun sollte? Es würde mir sehr freuen, kämen Sie?!
Ihre E: K.

40. POSTKARTE – KEY AN ZWEIG

[29.06.1908]
Herr
Stefan Zweig
8 Kochgasse
Wien

Lieber Freund, ich reise in einigen Tagen nach Ems um von meine Kehlkopfläh-
mung frei zu werden. Post restante Ems Adresse. Ich habe heut mit Freude das
Balzac Buch[159] bekommen und freu mich auf den langen Brief, der unterwegs ist.
Leenen Schultz und ich sprachen von Ihnen in Kastelruth mit die freundlichsten
Erinnerungen von Rom 1907.
Ihre Ellen Key

---

157 Key, Ellen: *Drei Frauenschicksale* (Sonja Kovalevska, Anne Charlotte Leffler, Viktoria
   Benedictsson). Übertragung von Marie Franzos. Berlin 1908.
158 Key meint wahrscheinlich Varnhagen von Ense, Karl August: *Rahel. Ein Buch des
   Andenkens für ihre Freunde*. Berlin 1834.
159 *das Balzac Buch*: gemeint ist das früher als die *Baumeister der Welt* veröffentlichte
   Buch von Zweig: *Balzac. Eine Biographie*.

41. Postkarte – Key an Zweig

(Poststempel Ems)   [31.07.1908]
Herr
Stefan Zweig
8 Kochgasse
Wien

31/7. Lieber Freund, immer hab ich auf den „langen Brief" gewartet – er kam
nie! Nun will ich doch nicht länger warten Ihnen zu danken für das hochinteres-
sante Büchlein über Balzac und den ganz ausgezeichneten <u>Essay</u>! Selten ist etwas
so Centrales über Balzac geschrieben; so viel Liebe und Scharfsinn und Geist ist
drin! Ich glückwünsche Ihnen zu dieses und bitte um die herzlichsten Grüsse für
Verhaerens.
Ihre treue Freundin E, Key

Nun noch Ems aber 6 und 7 August bin ich in Köln Hospiz 39 (oder auch 77
<u>Johannesstrasse)</u> falls Sie auf dem Weg zu Brüssel durchfahren.
Am Rand: Wie elend hat man sich in Berlin in Beziehung auf Thersites benom-
men!
Haben Sie Burghallers Pryne bekommen?

42. Brief – Zweig an Key

2. August 1908

Endlich, liebe verehrte Ellen Key, weiss ich Ihre Adresse, endlich kann ich Ihnen
schreiben. Dass ich Sie nicht vergessen habe, soll Ihnen die kleine Rezension
Ihres jüngsten Buches zeigen und Sie erinnern, dass ich zwar der schlechteste
Briefschreiber, nicht aber der vergesslichste Freund bin, den Sie kennen. Ich habe
einen unangenehmen Sommer gehabt durch allerlei private Misshelligkeiten,
bin aber jetzt wieder obenauf und fahre heute in das beste Stahlbad seelischer
Gesundheit: zu Emile Verhaeren (Adresse <u>Caillou qui bique</u>, Roisin, Belgien).
Hätte ich vorgestern Ihre Karte gehabt, so wäre ich sicherlich über Köln[160] gefah-
ren, aber ich habe schon mein Billet genommen. Doch gebe ich die Hoffnung

---

160 Key hat in Köln Station gemacht, vom 8.-12. August 1908 ist sie bei Lou Andreas-
Salomé in Göttingen.

nicht auf, Sie in diesem Sommer zu sehen. Geht Ihr Weg nicht über Brüssel? Ich könnte gerne hin, denn vom 16 oder 20 August verlasse ich Verhaeren, und bummle noch ein paar Tage in Belgien herum. Oder wollen Sie nicht auf ein zwei Tage zu Verhaeren, er hat Sie doch, wie ich glaube, oftmals zu sich gebeten. Was sagen Sie übrigens dazu, dass ihm der Nobel-Preis in diesem Jahr winken soll: das wäre ja eine so vernünftige Tat, wie man sie einer Academie gar nicht zutrauen sollte.

Mit meinem „Thersites" war das freilich eine böse Affaire. Aber ich glaube, dass man lieber auf einen Erfolg verzichten soll, der auf Kosten des persönlichen Stolzes gebaut ist. Freilich – die Intendanz weiss selbst sehr gut, wie sehr sie im Unrecht war und es schweben wieder Verhandlungen, den Bruch zu über-brücken. Mir geht und ging das nie nah. In drei Monaten trete ich meine große Indien-Reise an und die ist mir wichtiger als alles andere: sie ist ein Abschluss und hoffentlich der Anfang eines Neuen. Ich will dann ein grosses Drama schrei-ben, das hoffentlich mehr Glück hat als der „Thersites" (für den freilich manche sehr herzlich eingetreten sind, aber doch, der Apparat des Theaters ist unver-gleichbar intensiver).

Auch an mein Buch über Verhaeren[161] will ich dann denken. Es soll mehr sein als eine Biographie: ein Weltanschauungsbuch, eine vorbildliche Darstel-lung eines Vorbilds. Ich glaube, die Lebensführung so bedeutender Menschen aufzuzeichnen, ist der Nachwelt wichtiger als eigene Werke; „la statue invit la cité", sagt Théofile Gautier[162].
Und Plutarch wird länger dauern als Aristophanes und mancher Tragiker.

Ich weiß nicht, ob dies schon der lange Brief ist. Ein Zeichen jedenfalls mei-ner Anhänglichkeit soll er sein. Oft denke ich an das kleine Haus[163] in Schwe-den. Will es noch nicht bald wachsen? Es könnte schöne Stunden tragen!
Mit vielen Grüßen Ihr treuer

Stefan Zweig

Am Rand: Ich schäme mich riesig! Denken Sie, ich habe Burghaller noch immer nicht geschrieben!

---

161 Zweig, Stefan: *Darstellung* **Verhaerens.** Berlin 1910.
162 Gautier, Théofile (1811–1872), französischer Schriftsteller.
163 *oft denke ich an das kleine Haus:* Keys Suche nach einem eigenen Haus in Schweden wird sich noch bis 1910 hinziehen.

43. POSTKARTE – KEY AN ZWEIG

Monsieur Stefan Zweig
chez Ms.- Verhaeren
Caillou qui bique
Roisin Belgique
Absender:
Ellen Key
Jonsered Schweden

11/8 [1908]

auf Reise/ Göttingen
(einmal müssen Sie auch durch Göttingen fahren und Lou Andreas-Salomé kennenlernen – welche übrigens in Okt. in Wien sein wird.)
Lieber Freund, mit herzliche Freude hörte ich wieder etwas Persönliches von
Ihnen und dank Ihnen sehr für „der Zeit" und den freundliche Aufnahme
meines Büchleins. Grüßen Sie den lieben Verhaeren – und schreiben Sie
Burghaller – lieber doch schreiben Sie etwas über seinen Buch. Ein einsamer
ringender Mensch! Ach Indien – dass nur nicht die Schlangen und Tiger Ihnen
was anthun!
Ich wünsche Ihnen alles Gute, alles Reiche und Schöne von diese Reise!
Ihre E. Key

*In einem nicht erhaltenen Brief von Zweig gibt es offensichtlich eine deutliche
Bitte, die zuvor erwähnte Nominierung Verhaerens für den Nobelpreis zu unter-
stützen.*

44. KARTE – KEY AN ZWEIG

Herrn
Stefan Zweig
8 Kochgasse
Wien

[22.8.1908]

PENSION LUDWIG, BERLIN

22.8., aber nun Schweden Jonsered

Lieber Stefan Zweig, für dein Sache[164] kann ich nichts tun, denn gerade diese Leute (Nobel Kommiti) hassen mir und schreiben gegen mir u. d., aber auch wenn es anders wäre, könnte ich es diesmal nicht. Denn unsere Selma Lagerlöf ist vorgeschlagen und sollte es diesmal unbedingt haben! Ich glaube es auch. Aber dann werden V. und M. das nächste Jahr an der Reihe kommen. Laß mir etwas von Ihnen hören, ehe Sie nach Indien[165] reisen und komme gut zurück! Ihre E. Key

Einige Karten von Zweig aus Indien sind verschollen.

45. BRIEF – KEY AN ZWEIG

[30.04.1909]

Adresse für Mai: 30 Rue Vaugirard
Hotel Borysthene
Paris

Lieber Stefan Zweig!

Ich habe die Karten aus Indien bekommen und die Karte mit Elephanten und Europa! Was fühlten Sie dabei? Freude oder ein nüchternes Gefühl der Wirklichkeit?

---

164 Zweig wünscht sich, dass Verhaeren den Nobelpreis für Literatur erhält. Key selbst unterstützt jedoch Selma Lagerlöf. Diese erhält den Literaturnobelpreis dann auch als erste Frau aus den Händen König Gustavs V. im Dezember 1909. Die Jury hebt hervor: Die Einfachheit und Reinheit, die Schönheit des Stils und die Kraft der Einbildung durchdringen sich völlig mit einem weiteren bemerkenswerten Zug ihres poetischen Genies: mit der moralischen Kraft und innerstem religiösen Gefühl.

165 Die Uraufführung von *Thersites* findet endlich am 26. November 1908 gleichzeitig in Dresden und Kassel statt. Anschließend folgt Zweigs fünfmonatige Reise nach Ceylon, Gwalior, Kalkutta. Benares, Rangun und Hinterindien.

Ich sehne mir nur nach einen Wort von Ihnen als Bericht. – Erst will ich berichten: November – Februar war ich in der Nähe von Genfersee, Februar in Stresa
am Lago Maggiore um zu arbeiten und frische stärkende Luft zu haben für mein
1908 krank gewordener Hals (alles wieder gut). Und ich habe ein kleines Buch
über Die Frauenbewegung[166] (für die Serie Die Gesellschaft) fertig gemacht. So
ging ich via Milano Torino nach das köstliche Nest Paraggi bei Portofino – wo
die drei Mitglieder der Familie Gerhard Hauptmann und ich mit noch 2 Personen die einzigen Gäste waren und kein anderes Hotel und alles fast so ruhig und
schön wie in Bagni di Lucca! Nach drei Wochen herrlicher Frühling da habe ich
noch 2 Wochen diesen Frühling in Nizza genossen und gehe nun nach Paris.
Da werde ich eiligst Verhaeren in St. Cloud aufsuchen, denn sein Jahr fängt erst
Anfang Juni an und ich sehne mir ihm in sein wirkliches Miljö zu sehen. Auch
auf anderen lieben Menschen freue ich mich in Paris. In Juni gehe ich nach Norden um wieder das Suchen nach einem Grunde für mein Heim zu gehn. Heute
(30. April 1909) ist es gerade 6 Jahren seit ich Stockholm verlassen habe und seither kein festes Heim gehabt. Und wohl ist es schön herumzukommen aber nun
sehne ich mich sehr nach ein eigenes Nestchen (warm auch für andere) bauen zu
können. Ich habe es vollbracht neu innerlich jung zu bleiben in den Alter wo die
meisten innerlich alt werden und ich hoffe daß ich auch als wohnsässig geistig
beweglich bleiben werde. Und nun Sie, lieber Freund? Was haben Sie als Aller-
schönstes erlebt? Was thun Sie nun mit ihren Sommer? Was arbeiten Sie nun?
Was ist aus den Novellenband geworden? Und so weiter. Ist Indien mehr oder
weniger als Sie glaubten? Haben Sie Rudolf Kassner da getroffen? Denn auch
er ist da gewesen. Falls Sie mir später als Mai schreiben, so ist die Adresse nur
Jonsered Schweden. Auch Bazalgette hoffe ich in Paris zu treffen. Und Leonie
Schultz vielleicht in Deutschland auf meine Durchreise.
Nun beendige ich diesen Brief mit den Glückwunsch, daß Sie nicht Oesterreich
im Krieg gefunden haben und mit die Hoffnung daß die Balkaninsel sich bald in
Ruhe befindet, denn wenn da Spektakel gibt, hat immer Oesterreich eine Mög-
lichkeit hineingerissen zu werden!

Ich hoffe bald von Ihnen Gutes zu hören!
Ihre Freundin E. Key

---

166 Key, Ellen: *Die Frauenbewegung.* In: *Die Gesellschaft,* Sammlung sozialpsychologischer
    Monographien. Bd. 28/29, Hrsg.: Buber, Martin. Frankfurt a. M. 1909.

46. Brief – Zweig an Key

VIII. Kochgasse 8
Wien,   4. Mai 1909

Liebe verehrte Ellen Key, wie viel wäre zu erzählen!
Von Indien, dem Land der Wunder, das selbst Sie Italien nur mehr wie ein freundliches Vorbild einer tieferen Schönheit lieben liesse. Von den Menschen, die ein Schiff, die Reise und die Einsamkeit zusammenführt. Von tausend zufälligen Begegnungen – aber das will ein paar lange gute Tage, um ganz erzählt zu sein. Ich will nun von mir nur sprechen.
Ich war – hätte ich es doch gewusst! – an der Riviera, dann in Paris. Sah dort den teuren Verhaeren, Rilke und sonst ein paar liebe Menschen. Jetzt schreibe ich endlich das Buch über Verhaeren mit aller Liebe und Bewunderung, auch mit dem ernsten Bestreben, nicht zu sehr merken zu lassen, wie sehr ich an ihm hänge, weil ich persönlich an ihm gewachsen bin. Ein Drama „Helena"[167] von Verhaeren habe ich übersetzt. Es ist in französischer Sprache noch nicht erschienen: Sie bekommen es in drei Wochen von mir. Das ist Alles. Ich mühe mich mit einigen Dingen, werde aber zu sehr kritisch, lasse nichts oder fast nichts fertig werden und gebe ihm dann noch erst selten das „Imprimatur". Es wird schon werden. Ich habe keine Eile. Die Liebe und das Vertrauen meiner Freunde verliere ich nicht, wenn ich auch lässig und zu peinlich bin: und das ist mir viel. Oder eigentlich alles.
Wie rührend von Ihnen, teure Ellen Key, an mich, den Fernen zu denken, während doch sicherlich gute und wertvolle Menschen Sie umringen. Von Ihnen diese edle Lebenskunst zu lernen, alles und nicht nur das Nahe, als Gegenwärtig zu empfinden, ist ein Ziel, dem zu nähern mich schon glücklich machen wird. Nun sind Sie in Paris[168]. Wie schade, dass Sie Verhaeren versäumen. Aber besuchen Sie ihn doch in Caillou qui bique. Nur dort lernt man ihn ganz lieben, wo er allein ist und in seiner Heimat, wo er über die Felder und zu den Bauern geht. Es ist gut dort ausruhn. Und seine Gastlichkeit, leicht ohne lastende Verpflichtung. Sie machen ihm nur eine grosse Freude.

---

167 Zweig, Stefan: *Helenas Heimkehr*. Nachdichtung aus dem unveröffentlichten Manuskript von Emile Verhaeren. Leipzig 1909.
168 In Paris hält Key eine gefeierte Rede auf Einladung der Französischen Frauenbewegung. Seit Olympe de Gouges 1789 die *Déclarationes des droits de la Femme et de la Citoyenne* (Erklärung der Rechte der Frau und der Bürgerin), ihre universale Erklärung der Menschenrechte, veröffentlichte, war seitens der großen Denker der Freiheit und der bürgerlichen Revolution nicht viel geschehen, Frauen an der politischen Gestaltung der Gesellschaft teilzuhaben zu lassen.

Wären Sie es nicht, ich schriebe jetzt hin, dass ich Sie um Paris beneide. Es
ist so wundervoll reich, so erfüllt von einer heitern Anmut, dass ich nirgends
mein Blut so ganz in Bewegung fühle. Wie schön waren diese acht Tage! Voll von
Erneuerung und von neuem Schönen.

Von Leonore Schultz habe ich nichts gehört, weiss nicht einmal ihre Adresse. Und
das ist mir sehr leid. Sie gehört zu den Menschen, die ich noch lieber hatte, je länger
ich sie nicht mehr sah: ich habe wirklich innigstes Interesse an ihr und den Wunsch,
sie möge noch einmal ganz jung und gesund werden. Sie verdiente es wirklich.

In diesem Sommer will ich mich irgendwohin verstecken, um tüchtig zu arbeiten. Ich habe Sehnsucht, einmal wieder ein großes Drama zu schreiben: Der Sommer lasse es reifen. Hier in Wien finde ich mich schwer zurecht. Ich passe nirgends
ganz hinein und fühle mich auch nicht recht zuhause. Noch ist die Welt meine Heimat. In zwei Jahren will ich nach Japan und China, dann zurück über Russland.[169]
Mir ist, ich könnte nicht sterben, ehe ich nicht die ganze Erde kenne. Und dann: es
ist so schön, den Winter der Stadt mit seinen Gesellschaftlichkeiten zu überschla-
gen wie ein langweiliges Blatt in einem Buch, und vom Herbst über Tropensommer
heim in den Frühling zu fahren. Und einmal zwölf Monate im Jahr Sonne zu haben.

Bleiben Sie mir gut! Ich denke oft und in Liebe an Sie.
Ihr herzlich getreuer Stefan Zweig

47. Postkarte – Key an Zweig

Herrn
Stefan Zweig
Wien VIII
8 Kochgasse

[15.07.1909]

15/7 auf der Reise nach Schweden, Adresse Jonsered. Ich will nur mit ein Wort
daß ich Ihren lieben Brief bekam; leider nicht in Belgien bleiben konnte, so Verhaeren nicht sehen konnte, aber bei Maeterlinck in St. Wandruth bei Rouen zwei
schöne Tage hatte. Was ist nun für Ihnen im Gang? Arbeit meine ich? Mein Buch
Die Frauenbewegung ist aus.
Ihre E. Key

---

169 1910 reist Zweig in die USA, nach Kanada, Kuba, Puertorico und Panama.

48. Brief – Zweig an Key

VIII. Kochgasse 8
Wien,   9. XII.1909

Liebe verehrte Ellen Key, lassen Sie mich heute Ihnen noch einmal alles Gute wünschen. Tat ich es schon in ein paar Versen, die manchen gefreut haben, weil sie sahen, dass wir unerschütterlich treu Ihnen hier Liebe bewahren, so will ich doch auch direkt an Sie das Wort richten. Will Ihnen danken, dass Sie so sind, wie Sie sind, dass Sie immer zu mir gut waren und dass das Schicksal zu mir gut war, als es meinen Weg den Ihren kreuzen liess. Zusammen dürfen sie leider nicht gehen, die beiden Wege: Sie haben ein Leben lang schon Grosses getan, ich hab meinen Teil erst zu tun. Ich will es versuchen.

Sechzig Jahre sind Sie heute alt. Und da komme ich mit meiner alten Bitte: lassen Sie Ihr nächstes Buch das Buch Ihres eigenen Lebens sein. Erzählen Sie uns Ihre Kindheiten, sagen Sie der Welt, wie man es macht, so reich und gütig zu werden und aller Herzen sich zu erobern. Schieben Sie es nicht auf. Dies Buch der Erlebnisse und Begegnungen wird, ich fühle es, Ihr Schönstes sein.[170] Ein Telegramm Verhaerens lege ich bei. Unkund Ihrer Adresse sandte er es mir zur Weiterbeförderung. Und ich lege es nun in Ihre Hände. Seien Sie froh diesen Tag, diesen und alle. Und vergessen Sie nicht, dass wir Sie sehr lieben und es unser schönstes Glück ist, es Ihnen sagen zu dürfen.

In Treue

Stefan Zweig

49. Brief – Key an Zweig

10/3   1910
Furuborg Jonsered

Lieber Stefan Zweig! Das schöne Gedicht (es wurde in eine schwedische Zeitung reproduziert) der liebe Brief, wie dankbar habe ich dieses empfangen! Und die Ursache, daß ich es nicht früher sagte, ist nur daß ich eine Unzahl von Briefen

---

170 Dieses Buch wird nicht geschrieben. Es bleibt bei der kurzen Skizze Louise Nyström Hamiltons: *Ellen Key. Ein Lebensbild.* 1904. Eine große Biographie erscheint erst 2012 in Schweden: Ambjörnsson, Ronny: *Ellen Key. En Europäisk Intellektuell.* Stockholm 2012.

um 11/12 hatte! Nein nicht <u>nur</u>: ich wollte auch abwarten daß ich Ihnen erzählen konnte daß ich nun meine „Klause" gefunden habe!

Am See Wetter, auf die Abhänge vom Berg Omberg, nahe an die alte Benediktiner-kloster Ruine, Alvastra, werde ich 52 Ar auf 30 Jahre vom Staat pachten und diesen Sommer mein Haus da bauen. Es ist eine von die schönsten Gegenden unseres Landes und ich bin so froh, daß ich dieses gefunden habe, mit eine sehr centrale Lage. Verhaerens Telegramm war mir eine große Freude und die ganze, schöne Wiener Adresse!

Und nun Sie, mein Freund? Was haben Sie gesehen, gedichtet, erlebt seit unserer Zeit in Rom? Indien – aber die Frucht von diese Reise? (Gerade lese ich Dauthen-dey's Lingam[171]). Ich sehne mich sehr nach einen langen Plauderbrief von Ihnen. Leonore Schultz geht es diesen Winter ziemlich gut. Mir immer! Beinahe wäre ich durch Wien (<u>nach</u> Athen) dieses Jahr gekommen. Aber ich blieb in Schweden und ich bin froh nun die Wurzeln wieder in ein Stück Erde zu stecken!

Einmal kommen Sie – in ein Tourist-Hotel ganz nahe können Sie (einfache) Wohnung bekommen falls ich nicht Raum habe.

Ihre in Dank und Treue
Ellen Key
Am Rand: Grüßen Sie, bitte, Verhaeren sehr innig!

50. Postkarte – Zweig an Key

St. Z: Vienna (Austria)   [Oktober 1910]
VIII. Kochgasse 8

Liebe verehrte Ellen Key, haben Sie meine dreibändige Verhaeren-Ausgabe[172], die mein großes Buch über Verhaeren enthält, nicht erhalten? Mir ist so. als würden Sie es lieben können – und keine Liebe weiss mehr auszudrücken, als die Ihre. Das Porträt habe ich vor 8 Tagen in Caillou gemacht.
(Foto von Verhaeren neben dem Text, im Gartenstuhl sitzend, mit Hut)
Mit innigen Grüßen Ihr ergebener
Stefan Zweig

---

171 Dauthendey, Max (1867–1918), deutscher Dichter und Maler; verfasst 1909 den Roman *Lingam*. Für ihn war eine von Farben und Tönen bestimmte, aber ungebundene und rhythmische Prosa und Lyrik charakteristisch.

172 Zweigs Vorhaben, das Werk des belgischen Dichters Emile Verhaeren deutschsprachigen Lesern bekannt zu machen, findet den Abschluß in einer dreibändigen deutschen Werk-Ausgabe (Ausgewählte Gedichte, Monographische Studie, Drei Dramen (Emile Verhaeren in Nachdichtung von Stefan Zweig 1910).

51. POSTKARTE – KEY AN ZWEIG

1910 14/4   Schweden
              Alvastra (feste Adresse)

Gewiss, lieber Stefan Zweig, habe ich das dreibändige Werk bekommen, das Lie-
beswerk so voll Schönheit und Feinheit, ein großes Werk in jede Beziehung! Auch
wenn ich nichts Anderes von Verhaeren wusste und nichts von Ihnen, ich würde
Euch Beide lieb gewinnen. Denn das geht. Und nun, da ich Euch Beide lieb habe,
freue ich mich für Verhaeren daß ein solches Buch über ihn da ist; für Stefan
Zweig, daß er es gedichtet hat! Denn auch die Biographie ist „noch gedichtet"!!
Mit Bewunderung, Rührung, Liebe habe ich dieses Kunstwerk zu mein Eigen-
thum genommen! Und danke von ganzem Herzen. Ich hätte viel früher geschrieben aber als ich (nach meinen Dank Brief für 60sten Geburtstag) nichts von Ihnen
hörte, glaubte ich Sie wären in Mexico, Japan, Australien......?
Aber Norden – nun müssen Sie den Norden sehen. Ich baue nun mein Haus bei
Wetter-See, dicht am Wald und alles wird so schön, einfach, zweckmäßig. Ich bin
sehr glücklich darüber!
Ich hoffe, vor Weihnachten in mein Heim einziehen zu können und wohne nun
dicht bei um alles überwachen zu können.
Wie gut, das Verhaerenbild! Und geht es ihm und seine Frau gut?
Und Sie – was ist nun die nächste Arbeit?
Und die mir gewidmeten Novellen??!!

                                                              Ihre E. Key

Sende bitte 1 Ex. von Ihre Verhaerenbiografi an Fräulein Ellen Mikkelsen, 4 Mag-
nus Stenbockgatan, Lund (für eine Besprechung).

52. BRIEF – KEY AN ZWEIG

1/12/1911 STRAND Alvastra Schweden
Auf die grosse Linie Stockholm Trelleborg Sassnitz Berlin ist die Station Mjölby.
Da wechselt man für die Bahn Mjölby – Hästholmen (1 Stunde Bahn) und ist in
20 Minuten bei Ellen Key.

Lieber Stefan Zweig, wann kommen Sie nach Schweden ?!? ?!?

Nun habe ich wieder herzlich zu danken! Ganz lebendig wurde mir die Herbstlandschaft von Bagni di Lucca![173] Und das ganze Buch freut mir durch die Psychologi in die Kunst mit welche die Kinderseele gegeben ist! Brennendes Geheimniss ist, in dieser Beziehung, wohl das Bedeutungsvollste des Buches; man glaubt kaum es sei Intuition, man denkt: Erlebniss. Es ist ein sehr feines Buch und ich bin froh meinen Nahmen am Haupte des Buches zu sehen!

Hoffentlich haben Sie (durch Insel-Verlag) mein letztes Buch Seelen und Werke bekommen – wo Sie, durch das Verhaeren-Maeterlinck-Essay sehen werde daß ich Ihnen nicht vergesse.

Das Buch erschien 1910 in Schweden[174] und hiess da Verk (= Werke) och Människor (und Menschen). Ich schreibe es, weil Sie (in eine neue Auflage Ihres herrlichen Verhaeren Buches) es für die Bibliographi brauchen kann. – Und nun muß, mit alle Macht, für Verhaerens Nobelpreis gearbeitet werden! Ich thue was ich kann die jungen Menschen Schwedens, welche Kritik der Litteratur treiben, auf Verhaeren aufmerksam zu machen. Ich weiss durch Dagny Langen (die Tochter Björnsons, die Witwe Albert Langens, die Übersetzerin Verhaerens in Norwegisch) daß V. seine (Zinsen?) Lebensversicherung (?) nach 55 Jahren verlieren wird und ökonomisch des Nobelpreis bedarf?

Schreiben Sie mir ausführlich und faktisch über dieses, so daß ich die Sache verbreiten kann durch Presse und Privatgespräch! (Warum nicht, lieber S.Z:?)

„Das Haus am Meer"[175] bekam ich nun.

Und nun, mein lieber Stefan Zweig würde Sie eine ganz magere E. Key –

am Rand weitergeschrieben: sehen! Alle Arbeit, welche ich gehabt habe ehe mein Haus und Garten in Ordnung waren, hat mir ganz wie eine Entfettungskur geholfen! Ich pachte 52 Ar vom Staat in eine herrliche Gegend Schwedens bei Berg Omberg auf die Rechte Seite von die große Wetter-See (guck einmal eine Mappe an!). Und ich bin sehr glücklich in mein neues Haus!

Ihre treue Ellen Key

---

173 Stefan Zweig hat Key die im vorigen Brief angefragten Novellen geschickt: *Erstes Erlebnis. Vier Geschichten aus Kinderland* (Geschichte in der Dämmerung, Die Gouvernante, Brennendes Geheimnis, Sommernovelette). Leipzig 1911. Es enthält die Widmung: „Ellen Key in herzlichem Gedenken der hellen Herbsttage von Bagni di Lucca".
174 Key, Ellen: *Verk och Människor*. A. Bonnier förlag, Stockholm 1910.
175 Anspielung auf das *Das Haus am Meer. Ein Schauspiel in zwei Teilen.* (In drei Aufzügen) Leipzig 1912; die Uraufführung des Schauspiels erfolgt am Wiener Burgtheater 1912. In diesem Werk von Stefan Zweig zeigt sich bereits deutlich seine pazifistische Neigung.

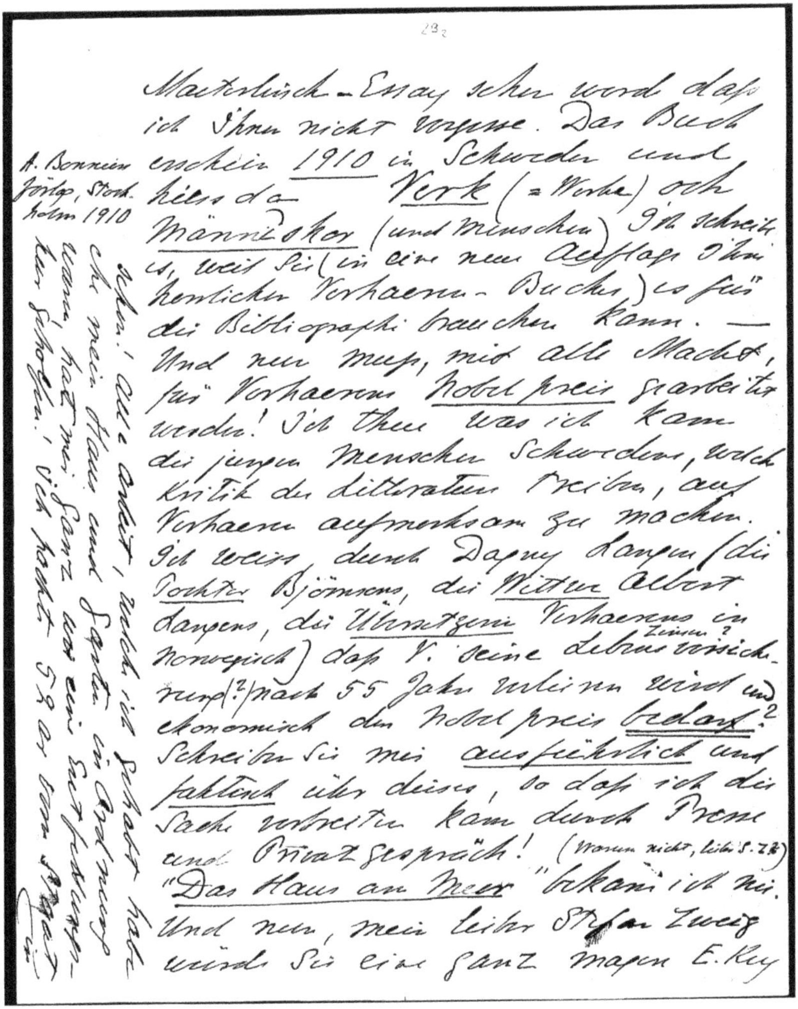

Abbildung 7: Brief von Ellen Key

Lieber Stefan Zweig, wann kommen <u>Sie</u> nach Schweden?!??!?

Bis 1915 sind keine weiteren Briefe oder Karten erhalten geblieben.

BRIEFWECHSEL VON 1915–1921

53. BRIEF – ZWEIG AN KEY

VIII. KOCHGASSE
WIEN,   7.II.1915

Liebe teure verehrte Ellen Key, seit Wochen seit Monaten – seit all der Zeit,
da Europa, unser Europa in Hass sich gegeneinander wendet – warte ich auf
Ihre Stimme. Wie, dachte ich, würdet <u>Ihr</u>, die Freien, die nur im höchsten, im
menschlichen Sinn des Mitleidens Beteiligten reden, wenn Ihr auf Unser aller
Leiden niederseht! Ich erwartete Proteste gegen die Behandlung der Civilge-
fangenen, gegen den Wahnsinn der gegenseitigen Verleumdung und fühlte nur
Schweigen, betroffenes anklagendes Schweigen. Endlich lese ich heute Ihren
Vortrag und ich danke Ihnen, dass Sie treu geblieben sind, treu unserem all-
menschlichen Ideal der Güte und des Mitleids. Das, nur das ist die Pflicht der
Neutralen, dem Mitleid, dem Frieden, der Milderung, der Versöhnung das Wort
zu geben und nicht Deutschland recht zu geben oder Frankreich oder Belgien.
Das Tragische ist ja, dass jedes Land irgendwie ein eigenes, immer moralisches
Gesetz der Selbstbehauptung hat, das notwendigerweise in Conflict kommen
muss mit dem der anderen, mit dem der Welt – aber dass es <u>so</u> furchtbar sein
musste, so entsetzlich! Ellen Key, sie <u>lesen</u> diese Dinge ja nur, sie <u>sehen</u> sie nicht,
sonst wären Ihre Worte <u>noch</u> heisser <u>noch</u> drängender. Bitte werden Sie nicht
müde, an Euch ist es ja jetzt zu sprechen, da wir schweigen müssen. Ihr, nur
Ihr, habt die Pflichten und die Frauen vor allem! Es gilt jetzt so viel, dass jedes
Zögern von Euch nie mehr zurückzukaufen ist durch jedes spätere Wort, jede
spätere Tat.

Ich bin hier in Wien in einem militärischen Department (ich war nie Soldat
und bin nicht feldtauglich) und habe – wie froh bin ich! – viel Arbeit. Mein
Stolz ist, dass ich mir treu geblieben bin: kein Wort des Hasses habe ich in dem
halben Jahr geschrieben, keines gesprochen und ich werde durchhalten, soviel
ich leiden muss durch Nahes und Fernes. Sie mögen sich denken, was ich fühlen musste, nahe, nächste Menschen wie Verhaeren aus Gehässigkeit die letzten
Zeitungslügen zu Gedichten versteinern zu sehen[176], letzte Freunde sich mit dem

---

176 Die Freundschaft zu Verhaeren ist zerbrochen. Verhaeren verteidigt zwar den Pazifis-
     mus, beklagt den Wahnsinn des Krieges, entwickelt aber einen bitteren Hass auf die
     „preußischen Barbaren", den Feind. In *La Belgique Sanglante* (das blutende Belgien),
     zeigt sich Verhaerens Hass gegen alles Deutsche.

Gewehr gegenüber stehen zu wissen. Einzig Romain Rolland[177], der Wunderbare, hat mich mit seiner Freundschaft getröstet und über einen Tumult von Hass haben wir uns die Grüsse der Freundschaft gesagt und die Hoffnung der Versöhnung.

Aber Ihr – Sie liebe teure Ellen Key, fühlen Sie es voll und stark, dass Sie, die Sie zu keiner Partei gehören, die Pflicht haben für alle zu sprechen[178], für Europa, für unsere arme zerstampfte Welt, in der die Unbeteiligten – Polen und Belgien – am meisten gelitten haben, für Europa, in dem jetzt für Jahrhunderte Qual und Hass[179] sich zusammendrängt. Ihnen ist das Wort gegeben, die Güte und die Liebe – vergessen Sie nicht die Pflicht, die Ihnen daraus erwächst, gedenken Sie Tolstois, des letzten Gewaltigen, der in Zeiten der Not das eigene Werk wegwarf, nur um der Zeit zu dienen. Seien Sie die grosse Trösterin, als die wir Sie lieben – wir alle, hüben und drüben, bleiben Sie uns treu und Sich. Herzlichst Ihr

Stefan Zweig

---

177 „Wir sprachen über *Jean Christophe*. Rolland erklärte mir, er habe versucht, damit eine dreifache Pflicht zu erfüllen, seinen Dank an die Musik, sein Bekenntnis zur europäischen Einheit und einen Aufruf an die Völker zur Besinnung." Vgl.: *Die Welt von Gestern*. 1999, S. 235.

178 *für alle zu sprechen*: Zweig spielt auf einen von ihm geplanten Artikel an: Warum nur Belgien, warum nicht auch Polen? Eine Frage an die Neutralen. In: *Neue Freie Presse*, Wien 14.04.1915.

179 Ellen Key an Rainer Maria Rilke und Lou Andreas-Salomé am 5. April 1915: "Es ist wahr: mit Deutschen und Franzosen und Engländer ist nicht mehr zu reden. Sie sind nur *Hassende* nicht mehr denkende Wesen. Romain Rolland und Stefan Zweig sind *schöne* Ausnahmen." In: Fiedler, Th. (Hrsg.): *Rainer Maria Rilke/Ellen Key. Briefwechsel*. Frankfurt a. M. 1993, S. 236.

VIII. KOCHGASSE 7. II 1915
WIEN,

Liebe teure verehrte Ellen Key, seit Wochen
seit Monaten – seit all der Zeit, da
Europa, ü'nser Europa in Hass sich gegeneinander wendet – warte ich auf Ihre
Stimme. Wie dachte ich, würdet Ihr,
die Freien, die nur im höchsten, im menschlichen Sinn des Mitleidens Beteiligten reden, wenn Ihr auf Unser Aller Leiden
niedersehl! Ich erwartete Proteste gegen
die Behandlüng der Civilgefangenen,
gegen den Wahnsinn der gegenseitigen
Verläumdüng und fühlte nur Schweigen,
betroffenes anklagendes Schweigen.
Endlich lese ich heute Ihren Vortrag
und ich danke Ihnen, dass Sie treu geblieben sind, treu unserm allmenschli-
chem Ideal der Güte und des Mitleids.

Abbildung 8: Brief von Stefan Zweig

Seien Sie die grosse Trösterin, als die wir Sie lieben....

54. Brief – Key an Zweig

Strand, Alvastra 18/2 1915

Lieber guter Freund, wie edelschön war Ihren Brief! Ich habe Ihren Brief an die Freunden in „Feindesland"[180] im Herbst gelesen. Und diesen Brief, die Artikeln Rollands, die Zeitschrift Forum in München[181], la voix de l'Humanité in der Schweiz – ist somit mit einigen englischen Artikeln – das einzig Menschliche, über Völkerhass hinaus – oder hinauf gehende!! – von den kriegenden Ländern gekommen. Ich vermuthe Sie haben „mein Artikel" der „heilige Krieg" in Arbeiterblatt gelesen? Aber ich habe eine ganze Broschyre geschrieben (= der Vortrag von allerheiligen Tag 1914), welche ich hoffe daß Mizzi Franzos übersetzen wird. Und ich werde wohl nochmal schreiben gegen den Völkerhaß – welcher Haß ein Umfang genommen hat daß er nur verglichen werden kann mit die Selbstrechtfertigkeit jedes Volkes! Alle bluten ja für die Fehler ihrer Regierungen! Aber nur sagt sich keines Volk diese Wahrheit: Sondern sie versimpeln das Problem: Wir bluten – weil die anderen Schufte sind!!!
Wie schön mahnen Sie mir in Ihren (überschätzenden) Worten! Ich werde nie nie meine Seele untreu werden! Bitte senden Sie mich und Leonore Schultz ein Nr. von die Zeitung wo mein Artikel war? Leonore ist: bei Direktor Körting[182], Waldhausen Hannover.

Ihre, Ihnen mehr als hochschätzende Freundin Ellen Key

---

180 Zweig hat kurz nach Kriegsausbruch im *Berliner Tageblatt* vom 19.09.1914 einen Artikel *An die Freunde im Feindesland* veröffentlicht, in dem er den Hass ablehnt, mit dem sich die Völker nun begegnen.
181 Herzog, Wilhelm (1884–1960), Redakteur, gründet 1914 die sozialistische Zeitschrift *Das Forum*. Nach Kriegsausbruch wird sie zunächst wegen „vaterlandslosem Ästhetentum und Europäertum" beschlagnahmt und schließlich verboten.
182 Körting, Leonhard (1834–1930), ehemaliger Direktor der Gaswerke Hannover und im Vorstand beziehungsweise in der Hängekommission des Hannoverschen Kunstvereins.

55. Brief – Zweig an Key

Wien VIII. Kochgasse 8   5.3.1915

Liebe verehrte Ellen Key, ich danke Ihnen von ganzem Herzen für Ihren gütigen
Brief! Wie beneide ich Sie, dass Sie frei für alle Nationen im leidenschaftslosen
Land leidenschaftlich wirken können und ich hoffe für <u>Uns</u>, für Sie und für alle,
dass Sie es tun werden. Wenn ich lese, was ein Maurice Barrès[183] schreibt – man
müsse Deutschland niederbrennen, die Generäle hinrichten ect. – so frage ich mich,
wer mehr berufen ist, solchen schamlosen Hetzern entgegenzutreten als eine freie
Frau: Sie sollten einen Pranger aller solcher Gehässigkeiten aufrichten und die
Namen dieser Leute jetzt schon der Verachtung preisgeben, die den Gedanken
Europas und der Cultur schänden. Sie, gerade Sie, weil Sie eine Gütige sind, haben
die Pflicht, kriegerisch zu sein gegen diese Attentäter gegen den menschlichen
Gedanken. In Ihnen ist soviel organisatorische Kraft, Ihre Werke haben Ihnen das
Vertrauen der besten Menschen gewonnen, das ist – liebe gute Ellen Key – eine
Verpflichtung. Man darf nicht schweigen, wenn man Ellen Key heisst, man <u>muss</u>
reden, schreien, eifern, jeden Tag dasselbe sagen, aber so eindringlich, so laut, bis die
Menschen es hören. Wir, die wir Sie lieben, fordern Betätigung von Ihnen und wenn
in diesen Tagen – ausser Rolland – fast alle Vertreter der gemeinsamen Mensch-
heitsideen ihre Flinte ins Korn geworfen haben, so müssen die, die auf ihrem Posten
geblieben sind, nun doppelt wachsam sein. Nach einem reich und schön gelebten
hilfreichen Leben ist Ihnen jetzt noch eine letzte grosse Aufgabe zugefallen – ent-
ziehen Sie sich ihr nicht, denn was in <u>diesen</u> Tagen versäumt wird, vermögen Jahre
nicht mehr nachzuholen. Am liebsten möchte ich Sie jetzt jeden Tag mahnen und
fragen, was Sie für die gequälte Menschheit an diesem Tage getan haben, denn
jeder Tag, jeder einzelne, ist jetzt eine so fürchterliche Fülle von Qual, Angst und
Not, dass ich jeden hassen muss, der nicht zu helfen, zu lindern, zu beschwichtigen
sucht. Wir, die wir nahe sind, Freunde, Brüder im Feld haben, selbst stündlich des
Rufs gewärtig sind, die wir Mütter und Bräute und Kinder sehen, wissen ja mehr
davon, aber Sie, die Künstlerin, haben ja die Phantasie, sich einzufühlen, allgewärtig
zu sein in dieser apokalyptischen Stunde. Senden Sie nur Alles, was Sie schreiben,
Ich will veranlassen, dass es erscheint, oh helfen Sie, liebe gute Ellen Key, den Über-
zeugungen, die uns allen das Wertvollste unserer Existenz sind.

---

183 Barrès, Maurice (1862–1923), Autor, Journalist und Politiker der nationalen Rech-
    ten. Barrès führt ab 1914 die antideutsche, antisemitische und antiparlamentarische
    Ligue de Patriots. Im Weltkrieg 1914–18 schreibt er jeden Tag einen antideutschen
    militaristischen Zeitungsartikel.

Ich finde momentan den Artikel[184] nicht mehr, den ich von Ihnen las, nur in meiner Seele ist noch ein lichter Widerschein davon.

Grüßen Sie alle guten Menschen in Skandinavien und in der Welt, mahnen Sie jeden Einzelnen an seine Pflicht, der grossen Gemeinsamkeit treu zu sein und gegen alle aufzustehn, die sie vernichten wollen.

In Treue und alter Verehrung

    Ihr

                                    Stefan Zweig

56. BRIEF – KEY AN ZWEIG

Der Brief beginnt mit einem getippten Brief der Wiener Tageszeitung „Die Zeit"
(Herausgeber Prof. Dr. I. Singer und Dr. Heinrich Kanner, Redaktion, Liechtenstein-
strasse 23) vom 2.4.1915:

DIE ZEIT
WIENER TAGESZEITUNG

```
Sehr geehrte Frau!
Sie waren so liebenswürdig, auf unsere Rundfrage: Warum
Deutschland so viele Feinde in der Welt hat, eine
Antwort einzusenden, die uns sehr interessiert hat,
und für die wir Ihnen bestens danken. Leider hat der
Staatsanwalt, der die Rundfrage hat passieren lassen,
speziell Ihren Beitrag gestrichen. Wie Sie wissen,
leben wir jetzt in Kriegszeiten unter der Herrschaft
der Zensur. Lassen Sie sich aber davon nicht abhalten,
auch in Zukunft unserem Blatt Beiträge zuzusenden, die
jederzeit willkommen sind.
  Wir zeichnen
        hochachtungsvoll ergebenst
        CHEFREDAKTION DER „ZEIT"
        Kanner
```

---

184 Vielleicht ein Artikel im schwedischen „Forum" vom 3.04.1915. Später gab es eine deutsche Übersetzung: Key, Ellen: *Zur Frage der künftigen Wiederversöhnung der Völker.* In: Dokumente des Fortschritts, 9. Jg., Bern 1916: 41–60 (enthält u.a. die deutsche Übersetzung eines Artikels im schwedischen Forum" vom 3.4.1915).

Lieber Stefan Zweig, Sie sehen wie schwer es ist, in Deutschland was zu sagen! Meine Antwort auf die Rundfrage: Warum Deutschland gehaut ist? recte! waren diese wenigen Worten:

„Ich leb ja in Schweden und da hat Deutschland keine Feinde aber wohl viele Freunden. Doch unter diesen – wie ringsum in der Welt – kann Deutschland viele Tausenden, nun kalt gewordenen Herzen wieder für sich warm machen, wenn das gegen Belgien Geschehene wieder gut gemacht wird."

Sehe, lieber Freund, Belgien war ein unschuldiges Opfer, Polen leidet, weil die 3 Länder, welche es besetzen, miteinander Krieg führen und weil man gar nicht weiss, was von das eine oder andere Land verschuldet ist: die Sympathie ist wirr, desorientiert, weiss nicht wo oder wem es suchen soll: mit Belgien ist alles klar und einfach!

Weitere Seite bzw. Grußformel fehlt.
Der Antwortbrief von Stefan Zweig ist verschollen.

57. Brief – Key an Zweig

Strand, Alvastra 12/ 4. 1915

Lieber Freund! Einen schönen Brief, ein Zeitung über Polen bekam ich. Ehe diese Zeitung kam war schon die Sache Polens in Gang hier: Sienkiewitz[185] (und Selma Lagerlöf unterstützt ihm) hat seinen Aufruf publiziert; eine polnische Gräfin, Schwester des Jesuitengenerals Landnowsky (?) oder so was, wird in Stockholm Vorträge halten und gewiss sammelt man etwas. – Aber wir leiden sehr durch den Krieg: im Geschäftlichen, in Teuerung der Lebensmittel, in Arbeitslosigkeit ect. fühlt man die Not der Zeit. So viel wird es nicht sein – aber etwas doch – was man hier leisten wird für das unglückliche Polen. Belgien war ein unschuldiges Opfer – denn alles ist Lüge was anders gesagt wird – und darum ist das Mitgefühl so gross gewesen. Wie ich heute – ein heller Frühlingstag mit Anemonen, Vögelgezwitscher, Bienen, Krokuskelche um ihnen zu berauschen, Weidekätzchen, ganz stiller See, voll strahlende Sonne – das unsagbare Elend des Krieges fühle; wie ich die Menschen hasse – in allen Ländern – welche den Krieg weiter führen wollen – wie – aber warum toben?

---

185 Sienkiewicz, Henryk (1846–1916, polnischer Schriftsteller und Träger des Nobelpreises für Literatur. Sein bekanntestes Werk: *Quo vadis. Roman aus der Zeit Neros* erscheint 1896. Der Stoff wird später mehrmals verfilmt.

Sie, lieber Stefan Zweig, fühlen es 100mal tiefer als ich. Ich sende einen Aufruf –
zu keinem Nutzen- weil <u>deutsche</u> Frauen schreiben: „Lieber <u>7 Jahre</u> Krieg als kein
Sieg!" Wann wird das arme, hasserfüllte Menschenherz diesen <u>Giftbecher</u> leeren!?
Ihre traurige Freundin Ellen Key

58. Brief – Zweig an Key

[Mai 1915]

Liebe verehrte Ellen Key, ich wollte Ihnen ausführlich für Ihren schönen Brief
danken, aber ich darf nicht zögern Ihnen zu schreiben, denn ich fühle, dass ich
mich (für andere)[186] entschuldigen muss. Ich habe heute im Simplicissimus die
Carricatur gegen Sie gesehen: ich empfinde sie als das Ordinärste und Dümmste,
das man sich denken kann und ich bin überzeugt, sie beleidigt jeden anständigen
Menschen in Deutschland. Hätte ich eine Möglichkeit, ich sagte das öffentlich,
aber es geht nicht – ich kann nicht aus ausserpersönlichen Gründen. Und so bitte
ich Sie nur persönlich aus dieser gegen Sie gerichteten Ordinärheit keinen Groll
gegen die ganze Cultur zu empfinden – Deutschland ist <u>diesem</u> Geiste (meist)
fremd. Ich habe mich heute bis in mein Blut hinein geschämt und viele mit mir.[187]
Liebe verehrte Ellen Key, ich weiss alles, was Sie mir von Belgien sagen, habe
nie daran gezweifelt. Ich bin ganz Ihrer Meinung – fühlen Sie damit die entsetz-
liche Situation, in der ich mich befinde? Aber dennoch, aus einer Gerechtigkeit,
die über dem Nationalen steht, finde ich die Hetze, die man in Paris gegen die
deutsche Gesittung lügnerisch eröffnet hat, eine Schmach und finde es furchtbar,
dass deren Orgien einer sinnlos gewordenen Gehässigkeit niemand entgegentritt.
Wenn jemand, so wissen Sie es, in welchem Volke, im französischen oder im deutschen, der Auftrieb zu einer religiös-moralischen Gestaltung des Lebens stärker
ist. Sie kennen diese stille Glut nach Glauben – die sich jetzt ganz von Gott gelöst
nur in den vaterländischen Gedanken gestürzt hat – und müssen wissen, dass
der Geist dieser Nation Weltgeist ist, mehr als der französische. Wenn Schweden,

---

186 *ich fühle, dass ich mich (für andere) entschuldigen muss*: Vielleicht auch für Romain
    Rolland, der in einem Brief meint, Ellen Key sei wohl etwas lahm, ohne Rückgrat und
    alt geworden: Romain Rolland – S.Z. Briefwechsel 1910–1923. Frankfurt a. M., S. 353.
187 Der *Simplicissimus* bringt am 27. April 1915 eine Karrikatur von Ellen Key mit 2
    Bildern und dem Text: „Die Stimme des Herzens oder Ellen Key hat gewählt: … für
    denjenigen, der wie ich den germanischen Geist im deutschen Volke liebt, ist Potsdam
    der gefährliche Feind, nicht Moskau."(S. 47)

Norwegen, die Schweiz wegen politischer oder diplomatischer Fehler ein Volk
verlässt, dem es durch alle Beziehungen des Blutes gebunden ist, wenn man dort es
in Worten so erniedrigen darf, ohne dass ihre Brüder ein Wort der Gerechtigkeit
finden – muss dann nicht, liebe Ellen Key, das Selbstgefühl, die Übersteigerung
in einem solchen Volke brutal werden? Sie haben die Worte Verhaerens gegen
seine deutschen Freunde gelesen, die Drohungen Ramsays[188] – die Schmähung
aller Menschen, die sie vergöttert haben. Verstehen Sie, liebe Ellen Key diese
Erbitterung, ehe sie sie richten!

Jetzt hat man es Ihnen schwer gemacht, gerecht zu sein, aber eben weil es schwer ist
für Sie, wird es eine moralische Tat, trotz allen liebend und gerecht zu bleiben. Wie
hat man Rolland bei uns geschmäht – ich musste es lesen mit verbissenen Zähnen –
aber er wurde nur milder daran, statt erbittert. Seine Erscheinung ist mir unendlicher Trost gewesen in diesen Tagen: ich werde ihm niemals genug danken können.
Liebe Ellen Key, noch einmal, bleiben Sie treu Ihrem Werk der Liebe und Versöhnung. Gerade wo so viele der Besten schweigen müssen, haben die anderen
zu reden! Ich danke Ihnen für jedes Wort.

Treulichst Ihr

Stefan Zweig

59. Brief – Key an Zweig

Strand, Alvastra 8. Maj 1915

Mein lieber Freund!

Ja, Sie können ganz sicher sein: auch was man nun über mich in die deutsche
Presse schreibt, wird meine neutrale – im tiefsten Sinne neutrale – Haltung nicht
ändern! *

*In die Zeit schrieb ich wieder eine Antwort auf die Frage von die internationale
Zusammenarbeit der Zukunft.

Neutral sein ist: einen geistigen Sieg: man muß so von Herzen gerecht sein wollen; weder von die eine, noch die andere Seite sich gegen sein eigenes Gewissen,

---

188 Vermutlich ist James Ramsay Mac Donald (1866–1937) gemeint, seit 1911 Vorsitzen-
der der *Parliamentary Labour Party*.

gegen die innere Stimme überzeugen lassen; muss in jede Volksseele sich hinein-
versetzen!
Ich meine daß das Schlimme in diese Forum Geschichte der – schwedische
Denunziant ist, welcher weder von die national-schwedische Veranlassung zu
meinen Artikel Bescheid gab: noch <u>das</u> referierte, welche mich die ganze Karak-
teristik von <u>das preussische Wesen</u> gab: – einen Artikel in <u>Neue Deutsche Rund-
schau</u> von Laure Don Frost: „Preußische Prägung"[189], wo sie ganz genial den
Unterschied zwischen Deutsche Seele und Preussens Geist klar legte. Auch wurde
nichts citiert von den von mir gegebenen <u>Tatsachen</u> über Nordschleswig: kurz und
gut: der schwedische Denunziant war <u>nur eifrig</u> mich in Deutschland unmöglich
zu machen – und sich selbst als „treuer Freund" zu zeigen!! Und doch weiss ich
daß ich, wenn ich dieses wagte, der <u>treuere Freund</u> bin! Denn hat man, wie ich,
unter die Wellen von Hass, welche sich gegen Deutschland auftürmen, wirklich
<u>gelitten</u>, dann muß man auch sehen lernen wo das Oel ist, welches allein diesen
Wellen sänftigen können: Deutsche Selbstprüfung.
<u>Später</u> hätte ich Dasselbe, was ich nun in <u>mein eigenes Land</u> und nur zu mein
Volk zu sagen glaubte, auch in Deutschland gesagt. Aber nun ist es in verzerrter
Art und Weise hingekommen und wird nicht nur <u>wirkungslos</u> sein, sondern das
was ich sagen wollte, <u>gegen</u> wirken, leider.
Dafür kann ich nichts eben so wenig wie Romain Rolland dafür kann, daß er
in <u>sein</u> Land wie in Deutschland missverstanden wird! Jeder der nicht blind
mithauen oder blind mittoben will, wird in diese Zeit gehaut. Aber dieses muß
ein Goethe Schüler wie er und ich, ruhig dulden können! Freundschaft, Erfolg,
Anerkennung – wie oft hab ich Alles dieses opfern müssen, um mein <u>Gewissen</u>
treu zu bleiben und wie gut lernte ich nicht dabei ohne Bitterkeit zu bleiben!
So, teurer Freund, werden Sie nicht erleben, daß ich diese Humanität untreu
werde! Die Schimpfereien bedaure ich – für die welche sie begehen.
Wollen Sie – mit verbessertes Deutsch! – dieses zu <u>Die Zeit</u> geben – wäre
nichts dagegen. Sonst sagen Sie <u>privat</u> meinen Freunden wie ich es denke!
Ihre treue E. Key

---

189 Unter *preußischem Wesen* oder *Preußischer Prägung* versteht Key den dominierenden
Einfluss Preußens in ganz Deutschland, vor allem unter Wilhelm II., insbesondere die
vorherrschenden militärischen Werte in Politik und Gesellschaft, z. B. die Ansicht,
Kriege seien notwendig, sowie ein hierarchisches, auf Befehl und Gehorsam bauendes
Erziehungssystem.

60. Brief – Zweig an Key

Wien 5. Februar 1916

Liebe verehrte Ellen Key, wir sprachen jüngst lang und herzlich von Ihnen bei Ella Frankfurter und dies mahnt mich, Ihnen einen Gruß zu senden. Ich habe ja nichts zu sagen, was Sie nicht ahnten und wüssten: alle Diskussionen über Ursachen von Europas Entzweiung sind ja sinnlos geworden und gering gegen die andere furchtbare Frage, wie die Versöhnung wieder zu gestalten sei. Sie im neutralen Land haben ja die Möglichkeiten des freien Wirkens und ich wünschte sehr, Sie widmeten Ihre ganze Kraft diesem Dienst. Auf wen denn sollen wir zählen als auf jene Menschen, die deutsche und französische und italienische Cultur – jede mit ihren Eigenarten und Einschränkungen lieben, die diese Welt nicht anders wollten als in ihrer grossartigen nationalen Vielfalt. Ich höre, Sie haben ein Buch geschrieben.[190] Aber was sind Bücher. Sie sollten wirken, reisen, predigen Ellen Key in Ihrem Lande für alle Länder! Jetzt oder nie sind Sie vor Grosses gestellt, werden Sie nicht müde vor solchem Ziel. Gedenken Sie Rollands, was dieser eine Mensch für uns alle getan – für mich nicht das Geringste. Nun hat er eben wieder auf meine Bitte hin Rilkes Bücher und Manuscripte in Paris, die schon versteigert, schon verloren waren, zurückgerettet (wenigstens zum Theil) und was er nur innerlich geholfen, ist nicht zu sagen.[191] Rilke dient jetzt, er ist der gleichen militärischen Stelle zugeteilt wie ich selbst. Er hat viel gelitten, aber er fühlt jetzt ganz klar, ohne Hass und Rancüne – wir verstehen uns ganz in diesen Dingen. Überhaupt, liebe, verehrte Ellen Key, wir wissen <u>Alle</u> in <u>allen</u> Ländern das Gleiche, wenn wir wollen. Nur die nicht wollten, die sich verschlossen aus <u>Absicht</u>, aus Willen zum Nichtsehen wie Verhaeren, sind ungerecht geworden und sein Buch mit der tragischen Einleitung sagt mir, dass selbst ihm im innersten Herzen bewusst ist, wie ungerecht er ist. Ich leide mit allen, die klar fühlen und sich nicht die Furchtbarkeit der Zeit mit Illusionen und Ekstasen verschleiern und ich bin nur allen jenen gram, die nicht genug hilfreich sind. Ich fordere auch von Ihnen, liebe Ellen Key Tätigkeit, Aufopferung. Auch in Schweden ist es nötig, überall, überall – es geht ja kein Wort der Liebe verloren in der Welt. Predigen Sie, sprechen Sie, schreiben Sie – wirken Sie, liebe gute Ellen Key „solange es Tag

---

190 Key, Ellen: *Kriget, fredom och framtiden.* Stockholm 1916.
191 Stefan Zweig alarmiert Romain Rolland, der über André Gide noch einige der schon versteigerten Bücherkisten zurückkaufen kann und im Keller von Gallimard einlagern lässt.

ist" – wie Goethe in seinen Briefen nach der schweren Krankheit sagt. „Solange es Tag ist" solange Wirken noch von Wert ist. Ich zähle auf Sie, ich glaube an Sie!

Herzlichst Ihr

Stefan Zweig

Die Angriffe gegen Sie sind längst verstummt so wie die gegen Rolland.

61. Briefkarte – Key an Zweig

Herrn Stefan Zweig
8 Kochgasse
Wien

Strand, Alvastra 28/2 1916

Lieber S.Z!
Ich bin so froh Ihren lieben Brief zu haben! Gerade hielt ich zugunsten der Belgier und Polen, welche Not leiden, ein Vortrag über Romain Rolland und die Neutralität der Seelen. Dieses werde ich drucken und in Demain und Friedenswarte (Forum ist ja nicht erlaubt?) drücken. Ich sende in X Band den Aufsatz, der die Angriffe veranlasst. Falls Sie ihn bekommen, bitte lass Ella Frankfurter ihn lesen. Gewiss, daß keine Versöhnung mehr möglich ist unter anderen Bedingungen als die, welche ich hier sage.
Rollands Buch ist nun schwedisch gekommen. Es wird Rilke gut tun, glaube ich, aus das Grübeln herausgekommen! Aber furchtbar wäre sein Hab und Gut verloren in Paris!
Ihre E.K.

62. Brief – Zweig an Key

VIII. Kochgasse 8
Wien,   5. März 1916

Liebe verehrte Ellen Key, ich danke Ihnen sehr für die Zusendung Ihres Aufsatzes. Ich empfinde Sie ganz im Recht: vieles dürfen Sie aussprechen, was uns versagt ist und die Gerechtigkeit, mit der Sie auf das Letzte abzielen, ist mir ungemein wertvoll. Ich freue mich, dass Sie zugunsten des Roten Kreuzes Vorlesungen halten. Es ist ja die edelste Pflicht der Neutralen, den kriegsgeschädigten Schwesternationen zur Seite zu stehen.

Ich sende Ihnen anbei einen – <u>gänzlich unpolitischen</u> -Aufsatz, der in der neuen Zeitschrift, die in der Schweiz von Professor Beaudouin unter Ägide Rollands herausgegeben wird, erscheinen wird. Könnten Sie ihn nicht ins Schwedische übersetzen lassen und begleitend in einer Zeitschrift veröffentlichen, damit offenkundig wird, dass bei uns das Gefühl ohne Gehässigkeit lebendig geblieben ist? Der Aufsatz will zu <u>allen</u> sprechen und unsere alten Ideale aufrecht erhalten mitten im Getümmel. Ich hoffe, er ist Ihnen sympathisch.

Dank für Alles, was Sie für die arme leidende Welt jetzt tun! Wir haben jene nötig, gerade im Ausland, die Deutschland kennen und wissen, dass es nie ein Land gegeben hat, dass so durch Lügen im Ausland als Ganzes, als Nation, als Geist, als Grossmacht der ewigen Cultur erniedrigt werden soll, und die nicht vergessen, gerecht zu sein. Schaffen Sie weiter im Sinn Ihrer Ideale – das erste und edelste bleibt immer <u>hilfreiche Gerechtigkeit</u> für alle und jeden.
Herzlichst Ihr

Stefan Zweig

<u>P.S.</u> Ich habe Ihren Aufsatz Rilke gezeigt, der ihn mit viel Interesse gelesen.
<u>P.S. 2</u> Sagen Sie mir mit einer Zeile, ob der Aufsatz in Schweden erscheinen wird und wo!

63. Brief – Key an Zweig

Strand, Alvastra 17/3 1916

Lieber Stefan Zweig!

Zwei Briefe bekam ich, froh!

1) Das schöne Babel Turm Gedicht[192] sandte ich eine Monatsschrift von mein Verleger Bonnier in Sthm herausgegeben. Ich weiss noch nicht ob sie es nehmen. Es heisst Bonnier's Mänadshäften. Aber falls nicht kommt es in eine Wochen-schrift.

2) Können Sie mir durch Professor Weiss[193] oder Carmin Mauthner telefonisch die Adresse von die Künstlerin Maria Cyrenius[194] verschaffen? Sie verlor ihre Pflegemutter Frau Romer; ich schrieb, aber die Karte kam (als unbestellbar) zurück.

3) Wollen Sie Rilke fragen ob er unter die geretteten Bücher auch mein Kern-ell[195] hat?

Grüsse ihm und frage ob er mein Brief nach München bekam?

4) Verhaeren schrieb er wollte vielleicht nach Schweden kommen und vorlesen. Aber Ausländer erlaubt man nicht über Krieg und desgleichen zu vorlesen und so, denke ich, wird er nicht die Mühe nehmen. Die Studenten in Stockholm hat-ten Gilbert Murray (Oxford) Prf. Lüzt (Berlin) Bergson (Paris) eingeladen aber sie müssten ihre Themen verändern: Nichts über Krieg – weil wir ja neutral sind!! (Sehr dumm denn die Neutralität war ja klar wenn von beiden Seiten eingela-den war!)

Mein Herz ist schwer wie Blei. Noch 5 Jahre Krieg, 3, 2 – nur „aushalten" um zu zerschmettern!

Dies nennt man überall den ---- Frieden zu sichern!! O, Teufels Wahn in alle Völker!

(Anhang)

---

192 Der Turmbau zu Babel (Gen. 11, 1–9), ein biblischer Mythos, den Zweig so interpre-tiert, dass die Menschheit durch höchste humane Leistung – sich selbst zum Leben bestimmen kann.

193 *Professor Weiss*: Weiß, Ernst (1882– 1940), österreichischer Arzt und Schriftsteller, in Wien und Prag ärzlich tätig. *Carmin Mauthner*: nicht ermittelbar.

194 Cyrenius, Maria (1872–1959), österreichische Malerin, Bauhaus -Schülerin, leitet später eine Emailwerkstatt in Salzburg.

195 Kernell, Per Ulrik (1797–1824), Bellmann Sänger, Schriftsteller; Freund von Malla Montgomery-Silverstope (1782–1861), Verfasserin von *Das romantische Deutschland,* mit einer Einleitung von Ellen Key. Key liebt Kernells kleines Werk *Anteckningar under en Resa i det Sydliga Europa* sehr.

Lieber Freund   (zu abschneiden)
bringen Sie dieses in ordentliche deutsche Form und geb es die Zeit.
Ihre treue traurige E. Key
Rückseite: Sie sollen mir das M: c senden!

Sie wünschen meine Meinung über die Wirkung des Krieges auf die Jugend? Aber
von Ferne ist es schwer anderes zu wissen als die ganz allgemeine Beobachtung,
daß, da die Jugend sehr <u>verschieden</u> ist, wird die <u>Wirkung</u> auch so sein! Daß mit
Familienfürsorge überbürdeten Witwen oder Frauen von Invaliden sehr wenig
Zeit für ihre Kinder übrig haben werden; daß diese ohne väterlicher Aufsicht ohne
mütterlichen Frohsinn und mit mangelnder Leitung von Seiten der Mutter, leicht
verwildern können ist selbstverständlich.
Andererseits und in die harte Notwendigkeit von Opfer und Arbeit zeitig – oft
<u>erdrückend</u> zeitig – die Kinderseele fester und ernster machen. Frühreife unfrohe
Kinder werden wohl mehren werden als vorher.
Das Wesentliche für die Zukunft ist, daß die Seelen der Jugend von einem glü-
henden Hass gegen den Krieg erfüllt werden. Aber über die Aussicht in diese
Beziehung weiss ich nichts. Nur dieses weiss ich: dass die Mütter, welche nicht
in die Herzen ihrer Kinder <u>diesen Hass entfachen</u> und die <u>Glut des Völkerhasses</u>
<u>erlöschen</u> – werden der halbe Schuld in „der nächste Krieg" haben![196]

Ellen Key März 1916

64. Brief – Zweig an Key

[1917]

Liebe verehrte Ellen Key, lange war Ihnen mein Wort verloren – ich lebte ja im
Dunkel dreijährigen Dienstes und meine ganze abgepasste Zeit galt meinem
Werk[197]. Nun ist es vollendet, nun sende ich Ihnen meine – im zwiefachen Sinne

---

196 Vgl. Key, Ellen: *Der Mütter Bittgang.* In: Die Tat. 10. Jg. 1918, Heft 9: 647–652: „Man
     müßte erwarten können, daß die Mütter sich gegen die Forderung erheben: auf Kosten
     unerhörter Leiden eine neue Generation zu schaffen, die bestimmt ist, in zwanzig
     Jahren neue Schützengräben auszuheben."
197 Zur Aufführung des *Jeremias,* Geschichte des jüdischen Volkes im Krieg mit Nebu-
     kadnezar, wird Zweig für zwei Monate vom Militärdienst beurlaubt und danach

„meine" – Tragödie „Jeremias" zu. Ich weiss, Sie, die Sie allmenschlich fühlen, werden sie lieben und erkennen, dass Ihr Vertrauen an mich nicht verschwendet war. Könnte sie nur wirksam werden im Wort über die Zeit!

Ihre Stimme, ist sie schweigsam geworden oder vernehme ich sie bloss nicht?[198] Ich weiss, dass wir in den letzten Dingen gemeinsam fühlen und bedarf des Wortes nicht zum Vertrauen. Aber wie gerne doch höre ich wieder Ihr Wort, hörte ich wieder Ihre Stimme!

Getreulich Ihr

Stefan Zweig

65. BRIEFKARTE – KEY AN ZWEIG

An Herr Stefan Zweig
8 Kochgasse
Wien
Oesterreich

ELLEN KEY STRAND ALVASTRA   17.9. 1917

Lieber Freund, wie schön ist Jeremias! Ich werde darüber schreiben. Aber sende es (an mich referierend) an Herr Ernst Klein, Mörby (bei Stockholm) und sage ihm er soll darüber schreiben. Gerade nun wenn Wien (durch Musik, Kunst, Moden und Haustick) in Sthm „aktuell" ist.
Eile mit dieses. Ich bin stolz auf dieses Werk (für dich). Wer ist die, welcher es gewidmet bekam?
In Eile deine treue E. K.

---

ganz entlassen. Er schließt sich einer Gruppe von Intellektuellen in der Schweiz an, die sich von Zürich aus für den Frieden einsetzen. Es ist ein pazifistischer Kreis um Romain Rolland. Siehe auch: *Jeremias. Eine dramatische Dichtung in neun Bildern.* Leipzig 1917.
198 Key kann in Deutschland und Österreich kaumnoch veröffentlichen und weicht auf die Schweiz aus, z. B.: *Zur Frage der künftigen Wiederversöhnung der Völker.* In: *Dokumente des Fortschritts*, 9. Jg., Bern 1916.

66. Briefkarte – Key an Zweig

An Herr Stefan Zweig
Hotel Schwert
Zürich
Schweiz geändert: Rüschlikon, Hotel Belvoir

ELLEN KEY STRAND ALVASTRA 19.3. 1918
Lieber Freund, <u>Das Herz Europas</u>[199] ist so schön daß ich nur weinen kann.
Ich bin zum Tode betrübt über der Verhältnisse in Norden wo <u>ich</u> – die Pazi-
fistin! um Waffen für die Finnländer gebeten habe, weil die Roten einfach als
<u>Mörderbande</u> da hausiert. Sie und alle Pazifisten Sie müssen dieses Verstehen: Es
ist nicht Kampf gegen Ideen, es ist Kampf gegen Raubmord, organisierter roter
Terror!! Ach wie muß Rolland leiden. Sie (Bolschewiki) haben Gorki morden
wollen! Bitte wollen Sie Orell Füssli[200] bitten, mir Friedenswarte zu senden; hier
kann ich nicht abonnieren (der Ort ist zu klein) aber wird die 8Tram von Stockholm senden. Ach, mein Freund, welche Welt in welche wir nun von eine neue
"Offensive" – Frieden erwarten!
Ihre E. Key

67. Brief – Zweig an Key

Salzburg
Kapuzinerberg 5   28. November 1919

Liebe verehrte Ellen Key, ich lese eben in den Zeitungen, dass Sie Ihren siebzigsten
Geburtstag feierten? Ist es möglich: mir dünkt es gestern, dass ich Sie zu Ihrem
sechzigsten Geburtstag beglückwünschte und ach welches Chaos und wie viel
Blut in diesen zehn Jahren!
Ich weiss nicht, ob Sie meiner nicht vergessen haben: das kleine Erinnerungsbuch an
Verhaeren sandte ich Ihnen, ich hoffe, es kam in Ihre Hände.[201] Dass er, der wunder-
bare, fern ist, tut mir in manchen Stunden des Erinnerns in einer ganz besonderen

---

199 Zweig, Stefan: Das Herz Europas. Ein Besuch im Genfer Roten Kreuz. Zürich 1918.
200 Art. Institut Orell Füssli AG, Zürich, seit 1915 Herausgeber der *Friedens-Warte*, nachdem die pazifistische Zeitschrift in Deutschland und Österreich zunächst stark zen-
siert und später endgültig verboten wurde.
201 Trotz des Bruchs mit Verhaeren im Verlauf des Ersten Weltkrieges schreibt Zweig
1917 die *Erinnerungen an Emile Verhaeren*.

Weise weh – es wäre jetzt notwendig gewesen, wo die Menschen ohne Enthusiasmus sind (sie haben allen Glauben für die grosse Schlächterei verbraucht.) Die Güte, die in diesen Jahren siebenfach gefestigte Freundschaft mit Romain Rolland war mir viel, aber jeder Mensch ist doch so unersetzbar in einem Leben.

Liebe verehrte Ellen Key, ich denke Ihrer oft und immer mit der alten getreuen Liebe des jungen Menschen, mit dem Sie in Rom spazieren gingen und, ergriffen vor Bild und Landschaft, ihm ihre Schönheit zeigten und zugleich die andere: die des ergriffenen gläubigen Menschen. So sehe ich Sie immer noch, so liebe ich Sie immer noch.

Ihr dankbarer

Stefan Zweig

Ich habe Wien verlassen, habe geheiratet und mich nach Salzburg zurückgezogen.

68. BRIEF – KEY AN ZWEIG

Strand Alvastra 10/1. 1921

Lieber Freund! <u>Ich vergesse nicht</u>! Ich habe nur einen von Ihren Briefen nicht beantwortet, die lieben Zeilen 11/12 1919 wenn ich 70 Jahre wurde. Keine anderen Briefe, keine Bücher habe ich bekommen! (ich sehne mir brennend nach Ihr Buch über R. Rolland[202]!!) Gerade nun stehe ich in Briefwechsel mit Rolland über der Nobelpreis, und wenn ich nun versuche wieder nach Norwegen zu schreiben, will ich es auch in Ihren Nahme tun. Ihre Schrift über die Arbeit in Le + Rouge in Genève ist schon einmal in die Nobelkommiti in Norwegen gesandt. Aber die Herren da!! Ist es wahr, daß Sie verheiratet sind? Und welche hat das Glück Ihre Gefährtin zu sein? Haben Sie auch Kinder? Was haben Sie geschrieben, ich sah nichts. Leonore Schultz ist krank allein, Mutter und die treue Dorette[203] todt. Das vorige Jahr wollte Leon Bazalgette daß wir alle – die Rolland Freunde – in Norditalien oder Ihre Gegend sich sammelten. Aber ich sagte nein ich kann <u>dieses</u> Europa nicht sehen. Sende mir bitte, lieber Freund, umgehend Ihr Rolland Buch, ich will über Ihr und Jouve's[204] zusammen schreiben. Haben Sie nicht meinen Dank für Ihre schöne Verhaeren Erinnerungen bekommen? Ihre Karte bekam ich heute.

Ihre treue Freundin E. Key

---

202 Rolland, Romain: *Der Mann und das Werk*. Frankfurt a. Main 1921.

203 nicht ermittelbar.

204 Jouve, Piere Jean (1887–1976), Jouve hat 1917 einen Rolland gewidmeten Gedichtband herausgegeben: *Dans des Morts*.

69. Brief – Zweig an Key

Liebe verehrte Freundin,

wie gut, sich von Ihnen nicht vergessen zu fühlen! Noch einmal sende ich Ihnen heute mein Rolland – Buch, in wenigen Tagen folgt eines, das Ihnen wohl auch lieb sein wird, ein Buch über die weiblichste Dichterin, die reinste Gestalt des vergessenen Jahrhunderts, über Marceline Desbordes Valmore[205]. Möge Sie Ihnen lieb werden!

Sonst habe ich viel, sehr viel gearbeitet – was bleibt einem sonst in einer Welt, die sich in ihrem Irrwitz, ihrem Hass selbst zerstört, als innen aufzubauen, in großen Menschen und Werken zu leben?

Es ist sehr hässlich in Europa – nicht so sehr durch das Elend als durch sein Widerspiel, den egoistischen Luxus, die masslose Gewinnsucht, den Hass zwischen den Völkern, Rassen, Religionen und Menschen.

Ich habe mich ganz zurückgezogen, nur ein schönes altes Haus noch während des Krieges gekauft, wohne dort mit meiner Frau – die unter dem Namen Friderike Maria Winternitz einen sehr schönen Roman „Vögelchen" geschrieben hat, den sie Ihnen auch sandte – und arbeite viel. Seit dem „Jeremias" habe ich noch ein Stück, einen Essayband herausgegeben und bin in lebendiger Verbindung mit allen guten Europäern, um Europa wenigstens im geistigen Sinne aufzurichten. Hier in einer stillen Stadt spüre ich stärker die ganze Welt als in der Grosstadt. Und dass mir die Freundschaft in allen feindlichen Ländern treu blieb (mit Ausnahme der Familie Verhaeren, von denen ich nie ein Wort mehr empfing), lässt mich alles Einzelne weniger fühlen. Materiell geht es mir gut, obzwar unser Familienvermögen dahin ist – ich habe jetzt mit meinen Büchern lebendige Wirkung in mehreren Sprachen und lebe ohne Sorgen um mich – freilich in wie grossen um unsere ganze Welt, die nach meinem Gefühl noch <u>vor</u> dem furchtbarsten Kampfe steht. Aber auch in diesem Kampfe werde ich meinen Glauben bewahren, dass jede Gewalt ein Verbrechen ist und mich keiner Macht verbinden, die andere vergewaltigt.

Ich denke Ihrer oft, Sie Gute und Milde, die nicht geboren war für eine so gewalttätige Zeit. Aber war nicht auch Spinozas und Goethes Jahrhundert eines

---

205 Zweig, Stefan: *Marceline Desbordes-Valmore. Das Lebensbild einer Dichterin.* Mit Übertragungen von Gisela Etzel-Kühn. Leipzig 1920.

der Wirrnisse? Bleiben wir uns selbst klar, dann ist unsere Pflicht getan. Und lieben wir die Menschheit mehr, als sie es verdient.

In Treue Ihr
Stefan Zweig

Ist Leonore Schultz noch in Rom? Ich hoffe im Frühjahr für acht Tage wieder nach Italien zu kommen, da besuche ich sie gerne!

70. Postkarte – Zweig an Key

Ellen Key
Alvastra Schweden   [10.1.1921]
Liebe verehrte Ellen Key, obzwar Sie mich ganz vergessen haben – vergeblich sende ich Ihnen meine Bücher; vergebens sind meine Grüsse! – so komme ich doch mit einer Bitte. Dr. F. Ferrière[206] ist für den Friedensnobelpreis vorgeschlagen und keiner verdient ihn mehr: dieser heroische Mann hat in aller Stille Unendliches getan und im entscheidenden Augenblick Wien gerettet. Ich bitte Sie im Namen Ihrer einst mir gewährten Freundschaft und im Namen, im heiligen, der Gerechtigkeit, Alles zu tun, damit hier diesmal der Würdigste gewählt werde!
In alter Treue
Stefan Zweig
Salzburg
Kapuzinerberg 5

71. Bildkarte – Key an Zweig

Text: Helft den Studierenden Kriegsblinden zum Licht
Und das Licht scheint in der Finsternis
Bild von einem Segelboot, Thea Schleusner 1919

Stefan Zweig
Salzburg
5 Capuziner Berg

---

206 Ferrière, Frederic Auguste (1848–1924), seit 1914 Präsident des Roten Kreuzes in Genf. Er setzt sich stark für die Zivilbevölkerung und für die Kriegsgefangenen ein.

Strand Alvastra   24.1. 21
Gestern sandte ich die Ansuche für Doktor F. Aber – ich hoffe nichts!
Gestern zwischen 9 Uhr morgens und 9 Uhr abends las ich ungestört und mit
große Freude Ihren Bild[207] von Rolland. Andacht war es, ein wahrer Sonntag. Ich
sende Ihnen, was ich darüber schreibe, sende es Ihnen wenn es deutsch kommt.
Mit großem Interesse las ich Vögelchen und wusste von Ihre Ehe nichts. Aber sage
ob Ihre Frau die Tochter von eine Frau Professor W. ist? Sie bat für irgendeinen
Zweck für einen Vortrag, den ich auch hielt.
Von Leonore Schultz weiss ich nun nichts. Sie ist allein ihre Mutter+.
Ihre treue Ellen Key

72. Brief – Zweig an Key

Salzburg, Kapuzinerberg 5, 29.1.21
~~VIII. Kochgasse 8~~
~~Wien~~

Liebe verehrte Freundin, Ihre Worte, von so ferne sie kommen, sind mir doch so
nah: in Ihrer Stimme fühle ich immer wieder den alten heiligen Rhythmus der
Güte. Dass Sie für mein Werk wirken wollen, nehme ich ohne falsche Scham gerne
freudig an: Dies Buch ist nicht für mich geschrieben, aus dem Egoismus der Kunst,
sondern für die Menschen, die selbst heute noch verehren, noch lieben wollen. Ach,
Ellen Key, wenn Sie wüssten, wie notwendig wir jetzt wahrhafte Bücher, wahrhafte
Menschen in Deutschland brauchen!!! Aus Trotz, aus Scham, aus Verzweiflung lügt
sich Deutschland in die alte Lüge (die es längst nicht mehr glaubt) künstlich wieder
hinein: Ludendorf und Kaiser Wilhelm werden Ideale der deutschen Studenten,
der Jugend von morgen. Da ist es unsere Pflicht auf die wahren Führer im Geiste
hinzuweisen. Und ich will nicht müde werden in dieser heiligsten Bemühung.
Ich schreibe Ihnen einmal lange, liebe verehrte, ewig junge und alt Vertraute!!

In Verehrung
Ihr getreuer

Stefan Zweig

Der hier versprochene „lange" Brief ist nicht erhalten.

207 *...Ihren Bild von Rolland*: Romain Rolland. Der Mann und das Werk.

Eine Wahlverwandtschaft

Kulturelle Begegnung

Die ‚Begegnung‘ zwischen Key und Zweig war eine persönliche und literarische. Sie war darüber hinaus eine langjährige und sehr fruchtbare kulturelle Begegnung und vollzog sich hauptsächlich durch das Medium der geschriebenen Sprache, denn beiden gelang es nur einmal sich zu treffen, und zwar im Jahre 1907 in Italien.

Man kann diesen Kontakt als beispielhaft ansehen für die freundschaftlichen Beziehungen zwischen den skandinavischen und deutschsprachigen Persönlichkeiten von Kultur, Politik und Wissenschaft.

Ganze Kulturräume wie der europäische Norden, Deutschland und Österreich haben gleichzeitig eine jahrhundertelange Kulturgeschichte, in der es Anziehungen, Kreuzungen, Treffpunkte, aber auch Kontroversen und Feindschaften gibt.

Diese Geschichte der Berührungspunkte und Verwandtschaften beschränkt sich aber nicht allein auf den deutsch-skandinavischen Kulturraum, sie ist auch eine europäische. Es gibt kulturelle Gemeinsamkeiten, die in der historischen Perspektive sehr prägend waren.

In den Briefen wird beispielhaft dokumentiert wie sich am Anfang des 20. Jahrhunderts zwei Europäer treffen, mit zwei Muttersprachen, aus zwei Ländern, deren Kommunikation zunächst noch nicht durch politische Grenzen und aufziehenden Nationalismus gestört wird.

Beiden ist sowohl das mündliche als auch schriftliche Kommunizieren wichtig.

Seitdem sind nationale und politische Grenzen gezogen worden, zwei Weltkriege als trennende Auseinandersetzungen haben stattgefunden; die kulturellen Gemeinsamkeiten sind zum Teil verdeckt und stattdessen die Unterschiede, das Andere, das Fremde in den Mittelpunkt der Diskussion gerückt worden.

Goethe macht das ‚Kunstwort‘ Wahlverwandtschaften[208] 1809 zum Titel eines Romans. Es geht zurück auf eine 1775 von dem schwedischen Chemiker Torben Bergman vorgelegte Schrift, die nicht nur in den Naturwissenschaften Aufmerksamkeit erregt: *Disquisitio de attractionibus electivit*. Seit Goethe ist nun mit dieser von dem Schweden beobachteten Eigenschaft der Anziehung und Abstoßung von Elementen nicht mehr nur die Triebkraft einer chemischen Reaktion gemeint, nicht mehr nur das Bestreben von Ionen, Atomen oder Atomgruppen, eine Bindung einzugehen. Die bei Bergman beschriebene Anziehungskraft wird zu einer

---

208 Goethe, Johann Wolfgang.v.: *Die Wahlverwandtschaften*. Tübingen 1809.

Gleichnisrede Goethes, der zeigen will, dass es auch zwischen Menschen eine unerklärliche Anziehungs- oder Abstoßungskraft geben kann.

In dem realistisch-psychologischen Roman *Die Wahlverwandtschaften* erweitert Goethe den Begriff *attractionibus electivit* zu einer Affinität, die auf persönlicher Anziehung nicht miteinander verwandter Menschen beruht.

Im allgemeinen Sprachgebrauch hält sich diese „chemische Gleichnisrede" Goethes seitdem auch als Bezeichnung für kulturelle Beziehungen und Bindungen, die Menschen miteinander eingehen.

Darauf spielt Key an, wenn sie im 15. Brief 1905 an Zweig schreibt: „Wie kommt man – als Blumensammelnde Kinder in einer Wiese dieselbe Blumen – leicht auf die selbe Gedanken, wenn man Geistesverwandte sind!"

Für beide bedeutet Menschlichkeit nicht nur Gemeinsinn, sondern sie verstehen darunter ein universelles Gefühl der Teilhabe und des Teilens, das alle Menschen verbinden soll. Sprache ist für sie Teil menschlicher Existenz und Identität. Die menschliche Fähigkeit Sprache zu gebrauchen kann das Verständnis füreinander fördern.

Daher sehen sie die Sprache als ein wichtiges menschliches Medium an. Es verleiht dem Leben Gestalt und bildet die Grundlage einer Welt, die Menschen mittels Kooperation und Toleranz gemeinsam erschaffen können. In Keys und Zweigs Vorstellung streben die Menschen einem höheren, einem fruchtbareren Ideal zu. Beide hoffen auf Entwicklungen zur Erziehung einer Jugend, die sich auf ihre gemeinsame Kultur besinnen und vereint schöpferisch tätig werden könnte und damit den dem Ideal eines neuen Humanismus zustreben würde.

Der Begriff „Wahlverwandtschaft" oder auch „Geistesverwandtschaft" ist zugleich eine Lebensphilosophie des Alltags, er hat assoziativen Wiedererkennungswert für die Beschreibung dessen, was Individuen verbindet, welche Beziehungen sie eingehen, was sie eint oder trennt.

Der Werdegang von Key und Zweig weist Unterschiede, aber auch bedeutsame Parallelen auf.

Key geht es in jungen Jahren zunächst um das Recht, ein eigenständiges und sinnerfülltes Leben führen zu können. Das ist aber für das „Zweite Geschlecht" nur sehr eingeschränkt möglich.

Daher verknüpft Key den Beginn ihres schriftstellerischen Wirkens, das ihren Ruf als Pädagogin, Literatur- und Kulturkritikerin in Skandinavien und Europa begründet, mit einer Lehrtätigkeit in der Volksbildung. Es ist eine der wenigen Tätigkeiten, die gebildeten Frauen zugestanden und zugänglich gemacht wird. Damit beginnt ihr Einsatz für die Gleichberechtigung der Frau, für sich selbst, aber auch für andere.

Anfangs sind es vor allem ihre Unterrichtsvorlesungen, die sie schriftlich zusammenfasst und veröffentlicht. Daneben verfasst sie Rezensionen für Zeitschriften und Zeitungen.

Aus ihrer journalistischen Tätigkeit entwickeln sich als Schwerpunkte kleine Essays, zunächst über skandinavische Künstler, später auch über europäische.

Es folgen historische Miniaturen und biografische Erzählungen, in denen sie Menschen in ihren vielfältigen kulturellen und privaten Beziehungen darstellt.

Sie schreibt kurze Charakterstudien bzw. Lebensbilder, z. B über Carl Jonas Love Almquist, Robert Browning und Elizabeth, geb. Barret, Germaine de Staël und Napoleon I., Malwida von Meysenbug, Nietzsche und Goethe, Björnstjerne Björnson, Selma Lagerlöf, Maurice Maeterlinck, Emile Verhaeren, Rainer Maria Rilke, August Rodin, Sonja (Sofja) Kovalevskaja[209], Anne Charlotte Leffler und Viktoria Benedictsson.[210]

Diese Vorliebe für Biografien oder Lebensbilder teilt sie mit Stefan Zweig. Alle Persönlichkeiten, die beide als Vorbilder vorstellen, stehen für geistige Unabhängigkeit, sind Vorkämpfer für die Ideen von individueller, geistiger Freiheit, treten für den Wert der Selbstbestimmung ein und kämpfen für ihre Ansichten.

Im Unterschied zu Key hat Zweig zunächst einen leichteren Beginn. Aus vermögendem Elternhaus kommend kann er sich seinen Studien ohne finanzielle Einschränkungen widmen. Ein Universitätsstudium ist sowohl für seine Eltern als auch für ihn als Sohn und Mann selbstverständlich, aber eher Pflichtübung als Neigung; ohne ökonomische Not kann er sich mit seiner Berufswahl Zeit lassen. Daher beginnt er zunächst nur vorsichtig mit eigenen Werken, übersetzt Werke fremdsprachiger Dichter, veröffentlicht Feuilletons, Rezensionen und macht das Lesepublikum damit auf Werke europäischer Dichter aufmerksam.

Behutsam beginnt er dichterisch gestaltete, biografische Skizzen zu veröffentlichen, daneben entstehen erste eigene Gedichte und Dramen, *Die frühen Kränze, Thersites, Das Haus am Meer*.

Key, für ihn zur Elterngeneration gehörend, schreibt zu dieser Zeit bereits Bestseller wie *Das Jahrhundert des Kindes*, kurz danach ihr großes politisch

---

209 Über Kovalewskaja schreibt Strindberg: „Ein weiblicher Mathematikprofessor ist eine gefährliche und unerfreuliche Erscheinung, man kann ruhig sagen, eine Ungeheuerlichkeit. Ihre Einladung in ein Land, in dem es so viele ihr weit überlegene männliche Mathematiker gibt, kann man nur mit der Galanterie der Schweden dem weiblichen Geschlecht gegenüber erklären."

210 Victoria Benedictsson und Anne Charlotte Leffler veröffentlichen ihre Werke unter männlichem Pseudonym (Ahlgren und Edgren). Leffler gibt ihren Beruf als Autorin auf, als sie einen italienischen Herzog und Mathematiker in Neapel heiratet. Sie stirbt kurz nach der Geburt ihres ersten Kindes. Benedictsson nimmt sich das Leben. Key schreibt Lebensbilder über ihre drei Freundinnen, die alle etwa mit 40 Jahren sterben: *Drei Frauenschicksale* (Sonja Kovalevska, Anne Charlotte Leffler, Viktoria Benedictsson). Berlin 1908.

philosophisches Lebenswerk (*Livslinjer* I. – III.), die hoffnungsvolle Utopie einer "Beautiful New World" im Gegensatz zu einer "Brave New World"[211].

Key geht es um die Zukunft von Menschheit und Menschlichkeit. Das zeigt auch die vorangestellte Widmung in *Livslinjer I. – III.*:

> Der Erinnerung an die Toten,
> die mir in Liebe das Leben gaben,
> und der Hoffnung auf die Jugend,
> die mit neuer Frömmigkeit
> des Lebens Gabe hüten will.

Im Zentrum ihres Interesses und ihres Themenspektrums steht der Mensch. Sie glaubt an die Fähigkeit des Menschen seine Humanität weiterzuentwickeln. In der Vielfalt, Widersprüchlichkeit und Veränderlichkeit der Welt soll er zur Persönlichkeit heranreifen, wobei eine Anhäufung von Wissen allein nicht genügt, sondern erst selbständige Aneignung nach dem Erfahrungsprinzip eine Persönlichkeit ganz ausbilden kann. Sie ist überzeugt davon, dass nur etwas bewegt werden kann, wenn mit dem Verstand auch das Gefühl angesprochen wird. Deshalb wählt sie gern das anschauliche Beispiel und vermittelt durch ihre Essays den Blick auf besondere Persönlichkeiten der Geschichte.

Bei Zweig handelt es sich ebenfalls um einen Menschen, der sich der Menschlichkeit verpflichtet fühlt.

Zweig skizziert seine Intentionen 1906, als 25-jähriger, in seinem Brief an Key so: „Ein Buch dichterischer Essays über das Thema: Menschen zu einander, über die Wege, wie sie sich finden, die Brücken, die Hemmnisse zu einander, die Auswahl, die Abstossung. Und dann die Crystallisation der seelischen Formen aus dem äusserlichen, die Gradstufen von Freundschaft und Liebe. Der innerste Gedanke soll der sein (den ich noch nirgends fand), dass jeder Mensch ebenso wie das äussere Geselligkeitsbedürfnis aus egoistischen Vorteilen (Hobbes, Aristoteles) und jenseits aller mystischen Neigung das Bedürfnis hat, *sein Leben* nicht nur in Wirklichkeit durch Fortpflanzung, sondern rein geistig *in der Anschauung zu vervielfachen*. Bei anderen Menschen erlebt zu werden." (14. Brief, 1906)

Dies verbinden beide mit dem Glauben an die Wirkungen des Wortes. Lebenskunst, Darstellungskunst und Denkkunst sind nicht voneinander zu trennen. Sie teilen die Hoffnung, dass sich die Menschheit dadurch zum Besseren entwickeln könnte.

Für Key ist nach der Lektüre von Bubers Schriften neben dem dialogischen Prinzip vor allem der aus dem Hebräischen stammende Begriff „Rachmones" bemerkenswert. Er bedeutet so viel wie Barmherzigkeit und ist die Grundlage der ethisch höheren Form jüdischer Wohltätigkeit. Man soll am Schicksal des

---

211 Vgl.: Huxley, Aldous: *Brave New World* (Schöne neue Welt) 1932.

anderen teilnehmen, sein Leid und seine Not mitfühlen. Ohne soziale Gerechtigkeit, Moral und Mitgefühl, die durch das Konzept von Gemilut Chassadim[212] bezeichnet werden, kann die Menschheit nicht in Humanität existieren.

Die Fähigkeit des Einfühlens und Mitfühlens schätzt Key an Zweig, der wiederum Key dafür bewundert. Sie kritisiert z. B., dass Rousseau die kindliche Neugier, die Phantasie und das Gefühl zu wenig berücksichtigt und die Außenwelt allzu absichtlich anordnet. Phantasie gehört für sie zu den Vorstellungskräften, die unter anderem erst ermöglichen, sich in einen anderen Menschen hineinzuversetzen. So entsteht die Fähigkeit, über Hypothetisches, Zukünftiges, über andere Personen und über sich selbst zu reflektieren. In Wechselwirkung damit wird die Fähigkeit zur Empathie entwickelt. Der heutige Begriff der Empathie bezeichnet einfühlendes Verstehen bzw. verstehende Einfühlung. In der emphatischen Beziehung lernt jeder Beteiligte sich selbst, sein Erleben, sein Verhalten und dessen Wirkung auf andere besser kennen. Umgekehrt kann er sich auch nur dann in das Erleben seiner Mitmenschen „einfühlen" und „mitleiden".

Damit grenzen sich beide von Nietzsche und seinem eher egoistischen „Übermenschen" ab, obwohl sie viele seiner philosophischen Überlegungen bewundern.

Zweig ist auf jeden Fall mehr Dichter als Essayist oder Philosoph; auch er kann der Philosophie eines Martin Buber sehr viel abgewinnen, seine zionistischen Ideen teilt er ansonsten nicht.

Wie Key entwickelt auch Zweig eine Vorliebe für Biografien; er schreibt über Brahe, Balzac, Dickens, Dostojewski, Masereel, Hölderlin, Kleist, Nietzsche, Stendhal und Tolstoi, um nur einige zu nennen.

Bei Key hebt Zweig vor allem das Dichterische ihres Lebenswerkes hervor:

„…habe ich mich gefragt, ob ich Sie nicht mehr als Dichterin lieben muss, denn als Frau der Erkenntnis. Denn diese Welt von der Sie sprechen, wie die Priester vom Jahre Tausend, sie ist noch so Ferne, dass nur eine Dichterin sie überhaupt zu träumen wagt." (11. Brief, 1905)

Key ist der Ansicht, im Kunstwerk seien Inhalt und Ausdruck untrennbar miteinander verbunden, es spiegele Urbilder menschlicher Vorstellungen (Archetypen) wider.[213]

Sehr oft betont sie die grenzüberschreitenden und interdisziplinären Möglichkeiten der Kunst, zu der auch das sprachliche Gestalten gehört: Der Dichter arbeitet wie ein Komponist; er macht das Abstrakte plastisch und begreifbar und lässt den Leser exemplarisch Zugang zu menschlichen Erfahrungen gewinnen.

---

212 Gemilut Chassadim, zentrale Botschaft der ethischen Lehre des Judentums, die Verpflichtung zur Solidarität mit dem Nächsten.
213 Key, Ellen: *Seelen und Werke* (Die Mütterlichkeit in Spiel und Kunst, Jungfrauen, Madonnen). 1911, S. 275 ff.

Echte Schöpfungen der Kunst sind für Key nicht nur im europäischen Raum einleuchtend, sondern sie sind international, für die ganze Welt verständlich. Sie ist überzeugt, dass sich in der Kunst die Gemeinsamkeit aller Menschen zeigt. Der Nationalismus ist „töricht", doch die Kunst als Ausdrucksform menschlicher Kultur dient seit Jahrtausenden unbewusst als „große, schaffende Kraft (…) dem Gedanken der Völkergemeinschaft".[214]

Und auch Zweig betont die Bedeutung des dichterischen Gestaltens: „Bereden lassen sich Dinge nur bis zu einer gewissen Grenze, dann müsste sich das Gestalten beigesellen. Mir ist's leid, daß die Kunst darin keinen Raum gefunden hat; manche und nicht die Schlechtesten, drücken durch das Symbol ihr Gefühl besser aus, als durch das Wort."[215]

Und so wählt er Key auch als Dichterin aus, als er im Jahre 1914, von Romain Rolland angeregt, zu einer Gesamteuropäischen Versammlung von Dichtern aufrufen will. Er macht detaillierte Vorschläge: „Und ich glaube, Ihre Anregung, es möchten nach Genf die Besten der Nationen zu einer Art moralischem Parlament sich versammeln, ist das Edelste und Notwendigste, was getan werden kann. Nur müssen es entscheidende Persönlichkeiten sein. (Ich selbst habe z. B. das Werk noch nicht getan, das mich berechtigt, für Deutschland oder Österreich zu sprechen). Gerhart Hauptmann für Deutschland, Bahr für uns, Eeden für Holland, Ellen Key für Schweden, Gorki für Rußland, Benedetto Croce für Italien, Verhaeren für Belgien, Carl Spitteler für die Schweiz, Sienkiewicz für Polen, Shaw oder Wells für England – es sind ja nur Vorschläge.[216]"

---

214 Key, Ellen: Persönlichkeit und Schönheit in ihren gesellschaftlichen und gesellligen Wirkungen. Essays 1907, S. 459.

215 Brief an Martin Buber vom 8.05. 1916 über eine von Buber iniziierte Zeitschrift, in der auch Zweig durch einen Betrag vertreten sein soll. *Briefe an Freunde*. Hrsg. Richard Friedenthal. Frankfurt a.M. 1984, S. 64.

216 *es sind ja nur Vorschläge*: Hauptmann, Gerhard (1862–1946), deutscher Dramatiker und Schriftstellen; Bahr, Herrmann ((1863–1934), österreichischer Schriftsteller und Kritiker; Eeden, Frederik Willem van (1860–1932); niederländischer Schriftsteller; Key, Ellen (1849–1926) schwedische Philosophin; Gorki, Maxim (1868–1936), russischer Schriftsteller; Croce, Benedetto (1866–1952) italienischer Philosoph; Spitteler, Carl (1845–1924), schweizer Schriftsteller; Sienkiewicz, Henryk (1846–1916), polnischer Schriftsteller; Shaw, George Bernard(1856–1950), irischer Dramatiker; Wells, Herbert George (1866–1946), englischer Schriftsteller; Suttner, Bertha von (1843–1914) österreichische Schriftstellerin. In: Briefe an Freunde. An Rolland 19.10 1914. Frankfurt .a. Main1984, S. 31 /32. Diese Maßnahme zur Völkerverständigung, eine Art „moralisches Parlament" europäischer Geistesgrößen, ist schon im Herbst 1914 nicht zu realisieren. Es stellt sich heraus, dass es die gesuchten Botschafter des europäischen Gedankens von internationalem Rang nicht zu finden sind. So lehnt z. B. Gerhart Hauptmann. ab.

AM ANFANG IST DAS WORT

Europa ist ein vielsprachiger Kontinent. Das kann das Verständnis für Gemeinsamkeiten unter den Menschen erschweren. Doch Sprache ist für Stefan Zweig und Ellen Key nichts Trennendes, wenn Wertschätzung des Anderen mit einfließt. Das gilt sowohl für den mündlichen, als auch für den schriftlichen Austausch von Gedanken. Grundsätzlich verbindet die Sprache Menschen miteinander, aber es braucht oft Vermittlung durch Andere. Es ist ein lebenslanger Lernprozess, andere zu verstehen und einen Dialog führen zu können.

Dieser Vermittlungsaufgabe widmen sie sich in oft ähnlicher, aber auch unterschiedlicher Art.

Zweig sagt einmal: „Ich übersetze nicht oft, und wenn ich es doch tue, wähle ich das Buch selbst aus und schlage es dem Verleger vor. Es muss also unbedingt eine „Wahlverwandtschaft" geben, etwas, das mich berührt und das ich wiedererkenne in der Betrachtungsweise, wie der andere die Welt wahrnimmt. Das letzte Buch, das ich übersetzt habe, war der Briefwechsel von van Gogh, ein bemerkenswerter, bewegender Text, von unerhörtem intellektuellen Reichtum und Scharfsinn. Bei der Übersetzung gab es Phasen, wo der zu übersetzende Text die Oberhand gewann und meine Zeit und mein Denken völlig besetzte, und wieder andere, wo das Umgekehrte passierte und ich ganz von meinem eigenen Buch in Anspruch genommen war. Ich spürte jedenfalls, wie die beiden Texte miteinander in einen Dialog traten. Aber das passiert mir auch, wenn ich bloß ein gutes Buch lese. Ist nicht die gesamte Literatur unter der Oberfläche von Strömungen durchspült, die alle Texte verbinden? Ich unterliege mit Sicherheit dem Einfluss des übersetzten Textes, so wie jeder Schriftsteller unter dem Einfluss anderer Texte steht. Dies ist nichts Negatives, sondern ganz im Gegenteil eine bereichernde Erfahrung. Negativ ist hingegen, wenn man den Übersetzer im übersetzten Text erkennt. Der Übersetzer darf niemals seinen eigenen Stil auf Kosten des Textstils in den Vordergrund rücken."

Zweig versteht sich als „Mittler zwischen den Kulturen", er versucht die nationale Engstirnigkeit zugunsten gemeinsamer Wertvorstellungen in Europa zu überwinden: Frieden, Freiheit des Individuums, Verständnis für das Fremde. Es kommt ihm zugute, dass er sich in mehreren europäischen Sprachen fließend ausdrücken kann.

Auch Key will mit Sprache vermitteln, zunächst als Pädagogin und Volksbildnerin, später mit Rezensionen und eigenen Veröffentlichungen, die in viele Sprachen Europas übersetzt werden.

Sie kann sich wie er in mehreren europäischen Sprachen fließend ausdrücken und fremdsprachige Literatur lesen, doch zum Übersetzen umfangreicherer

Texte holt sie sich Unterstützung, vorwiegend von ihrer Wiener Freundin Marie Franzos.

In diesem Kontext weist sie auch immer wieder auf Künstler hin, die synästhetisch ‚mitempfinden' oder ‚zugleich wahrnehmen' könnten, wie z. B. Almquist.[217] Bei ihm koppeln sich mehrere sonst getrennte Arten der Wahrnehmung, wie Farben, Melodien und Rhythmen mit der Sprache, die ja sowohl akustische als auch visuelle Modalitäten umfasst. Beim Sprechen sind auch die Modulation, die Motorik und die Räumlichkeit eingebunden und entfalten ihre Wirkungen. Das ist auch für Zweig bedeutsam: „Vielleicht gibt es einmal einen Tag, dass die Feder nicht meine Worte tragen muss, sondern die helle Luft." (11. Brief, 1905)

Sprache und Kommunikation als Fähigkeiten des Mit-teilens halten beide gleichermaßen für unverzichtbar, um das soziale Leben humaner zu gestalten.

Das Gespräch ist für beide ein soziales Phänomen, es sollte ein dialogischer Prozess sein, getragen von Toleranz und Gleichheit.

Deutsche Dichter, wie Johann Wolfgang von Goethe, Friedrich Schlegel, aber auch Philosophen wie Baruch de Spinoza[218] und Friedrich Schleiermacher[219], sind für beide Menschen, in deren Werk das Denken und das Fühlen miteinander verknüpft werden. Die Leistung von Dichtung besteht darin, seelische Erfahrungen des Menschen „verdichtet" sichtbar zu machen. Der Poesie, wo Sprachmelodie, Rhythmik und fantasievolle Bilder verschmelzen, messen sie eine entscheidende Bedeutung bei, die Einfühlung in andere zu fördern.[220]

Zweig und Key führen die Literatur und die Bildende Kunst mit ihren Möglichkeiten der Imagination nicht gegen die Wissenschaft ins Feld, sondern sehen sie als komplementäre Form des Erkenntnisgewinns.

---

217 Key, Ellen: Menschen. Berlin 1903. Ein Essay darin ist dem Dichter Carl Jonas Lowe Almquist gewidmet. Key hält ihn für sehr modern: „Vor Wagner träumte er von einer Kunstform der Zukunft, die der Inbegriff aller Kunst werden sollte, Poesie, Musik und Bild zu gleicher Zeit", S. 17.
218 Spinoza, Baruch de (1632–1677), Philosoph. Key stellt zwei Tendenzen oder Muster vor, die Denkweisen und Wertsysteme charakterisieren: Einerseits intuitives, synthetisches, dynamisches Denken, verbunden mit Werten wie Kooperation und Partnerschaft (Spinoza) andererseits analytisches, reduktionistisches und lineares Denken verbunden mit Konkurrenz und Herrschaft (Descartes).
219 Friedrich Schleiermacher (1768–1834) Philosoph; Key erkennt in seiner Philosophie die Befürwortung einer geistig-seelischen Annäherung der Geschlechter. Extreme auf beiden Seiten müssten aufgehoben werden, „wenn man zu Sittlichkeit, Schönheit und Harmonie im Geschlechtsverhältnis gelangen will, ein Gesichtspunkt, den auch Schleiermacher einnahm". In: *Über Liebe und Ehe*. Berlin 1905, S. 85.
220 Vgl. Key, Ellen: *Über Liebe und Ehe*. Berlin 1905, S. 314.

Der schriftliche Gedankenaustausch in Form eines Briefwechsels hat einen von den Persönlichkeiten der Verfasser individuell geprägten Stil, denn es wird, wenn auch zeitversetzt, ein Zwiegespräch mit einer bestimmten Person geführt. Voraussetzung für die Bereitschaft, das Mitgeteilte aufzunehmen, ist die Entwicklung oder das Bestehen einer persönlichen Beziehung.

Der dem Schreiber vertraute Empfänger soll sich beim Lesen des Geschriebenen den Absender vorstellen können.

Der Brief kann zur Diskussion von politischen, moralischen und ästhetischen Problemen genauso gut dienen wie zum Gedankenaustausch über wissenschaftliche Erkenntnisse.

Da Kommunikation Austausch und Verständigung auf mehreren Ebenen bedeutet, muss jeder Mensch in der Lage sein, daran teilzuhaben. Nur dann kann er Probleme lösen, Entscheidungen treffen, sich selbst als Person erkennen und darstellen. Das Werden einer Persönlichkeit wird von Key als lebenslanger Interaktionsprozess von genetischen, kulturellen, sozialen und persönlichen Einflüssen verstanden. Die qualitative Steigerung im Zusammenleben verschiedener Menschen ist nur erreichbar durch Stärkung der emotionalen Kräfte, synonym für Worte wie Veredlung der Seelenkräfte, Sympathie, Mitgefühl und Liebe.

Trotz nationaler Kulturen und sprachlicher Barrieren ist es im Europa ihrer Jahrhundertwende leicht möglich, den Nachbarn kennenzulernen, Anregungen und Vorbilder aus dem kulturellen Leben anderer Ländern zu entdecken, deren Ideen anzunehmen oder weiterzuentwickeln.

Wie man den Briefen bis zum Beginn des Ersten Weltkrieges entnehmen kann, treffen sich Zweig und Key in vielen Punkten in gemeinsamer Anschauung, selbst wenn Zweig gesteht: „Ich habe vielleicht auch nicht die ganz reine Liebe zur Kunst – nur dem Verstehenden wage ich es zu sagen – sondern sie ist nur ein Kettenglied der Lebenskunst, des Erlebens im universalsten Sinn, das ja bedingt mit vielen Menschen zu leben und von vielen erlebt zu werden. Gewissermassen das Durchströmen des Vielfältigen, das wir erleben können, zu beschleunigen." (23. Brief, 1906)

Die Freiheit des Austausches bricht jedoch durch den Ersten Weltkrieg zusammen. Kosmopolitische Ideale, wie sie die Eliten aus Wissenschaft, Literatur und Kunst propagiert haben, werden zugunsten nationaler Abgrenzung abgelehnt, Ansätze zu europäischem Denken verkümmern und Internationalismus wird zum Schimpfwort erklärt.

Keys und Zweigs Einsatz für die Verständigung unter den Menschen, der gleichermaßen ein Einsatz zur Friedenserziehung sein sollte, läuft nun ins Leere.

Doch trotz Anfeindungen und Beschränkungen nach Kriegsbeginn setzen beide ihre schriftstellerische Tätigkeit mit Rezensionen, Aufsätzen und Büchern

fort. Aber als erklärte Pazifisten können sie die Leserschaft in den jetzt verfein-
deten Ländern kaum noch erreichen.

Zweig und Key hoffen trotz allem, dass das gesprochene oder geschriebene
Wort nicht an Wert verloren hat. Sie wollen an die Kraft des Wortes glauben, die
das Gewissen der Menschen anrühren und den Verlust des Verständnisses füreinander aufhalten oder es wiederherstellen könnte. Beide sind genaue Beobachter
und können es kaum fassen, was sie sehen, hören und lesen müssen.

Wenn auch der Briefwechsel seltener wird, so bleibt doch eine tiefe Verbundenheit bestehen. Noch viele Jahre später, bei der Niederschrift seiner *Welt von
Gestern*: „Ich schreibe sie mitten im Kriege, ich schreibe sie in der Fremde und
ohne den mindesten Gedächtnisbehelf...“[221] – zählt Zweig in seiner Erinnerung
neben Walther Rathenau drei Freunde auf: Verhaeren, Key und Bazalgette.

Und was er an Bazalgette schätzt, das bewundert er auch an Key: „...dass er
seine schöpferische Kraft (...) für fremde Werke einsetzte und somit seine ganze
herrliche Intensität für die Menschen aufsparte, die er liebte. (...) den wahrhaft
Hingegebenen, der seine Lebensaufgabe einzig darin sieht, den wesentlichen
Werten seiner Zeit zu ihrer Wirkung zu verhelfen und nicht einmal dem berech-
tigten Stolz frönt, als ihr Entdecker und Förderer gerühmt zu werden. Sein aktiver Enthusiasmus war nichts als eine natürliche Funktion seines moralischen
Bewusstseins. (...) weil wir beide fremden Werken mit Hingebung und ohne
jeden äußeren Vorteil zu dienen liebten und weil wir geistige Unabhängigkeit als
das primum und ultimum des Lebens werteten.“

Keys „aktiver Enthusiasmus“, von Rilke manchmal beklagt, wird von Zweig
positiv bewertet und im 55. Brief von 1915 geradezu eingefordert: „Man darf nicht
schweigen, wenn man Ellen Key heisst, man muss reden, schreien, eifern, jeden
Tag dasselbe sagen, aber so eindringlich, so laut, bis die Menschen es hören.“

1918 endet der große europäische Krieg endlich, Zweig kehrt nach Österreich
zurück und versucht, auch Key wieder zu erreichen.

„Ihre Stimme, ist sie schweigsam geworden oder vernehme ich sie bloss
nicht?[222] Ich weiss, dass wir in den letzten Dingen gemeinsam fühlen und bedarf
des Wortes nicht zum Vertrauen. Aber wie gerne doch höre ich wieder Ihr Wort,
hörte ich wieder Ihre Stimme!“ (64. Brief, 1917)

---

221 Zweig, Stefan: *Die Welt von Gestern.* 1999, S. 12, S. 162 ff. und S. 211.

222 *...oder vernehme ich sie bloss nicht*: Key hat es schwer, im deutschsprachigen Raum
     veröffentlicht zu werden. Sie kann nur Artikel für Zeitungen in der Schweiz schrei-
     ben: *Zur Frage der künftigen Wiederversöhnung der Völker.* In: Dokumente des Fort-
     schritts, 9. Jg., Bern 1916.

Mit wachsendem Zweifel fragen sie sich beide, ob Aufklärung durch Literatur und Kunst noch etwas bewirken könne.

Key versucht, trotz Zensur, im deutschsprachigen Raum wieder Gehör zu finden, z. B. durch Veröffentlichungen in Schweizer Verlagen oder Zeitungen.

Die biografischen Skizzen über Florence Nightingale[223] und Bertha von Suttner[224] (1843–1914) verdienen es, besonders hervorgehoben zu werden, weil Key in der Darstellung dieser beiden Frauen und ihres Lebenswerks zusammenfassend zeigen will, welche konstruktiv-utopischen Perspektiven auch nach der Erfahrung des Ersten Weltkrieges für die Gestaltung einer menschenwürdigen Gesellschaftsordnung festzuhalten und weiterzuentwickeln sind. Übergreifende Ziele sind für sie nach wie vor eine stärkere „Gesellschaftsschönheit" und Demokratie. Die Ästhetik spielt innerhalb ihres sozialen Zukunftsprogramms eine hervorragende Rolle. Sie ist davon überzeugt, dass jeder Mensch Schönheit braucht, wie sie schon in ,Skönhett för alla', einer in Schweden 1904 erschienenen Broschüre, schon dargelegt hat.[225]

In ihrer Jugend hat Key unter den Ausgrenzungen, denen sie als weibliches Wesen in der Gesellschaft ausgesetzt war, gelitten. Jetzt kämpft sie weiter gegen jegliche Diffamierung und Marginalisierung des weiblichen Menschen. Nightingale und von Suttner stehen für sie beispielhaft für den Kampf der Frauen gegen Krieg und Gewalt, einmal helfend und lindernd im Krieg selbst (Nightingale), zum anderen präventiv, zur Verhinderung des Krieges überhaupt (von Suttner).

Hier unterscheiden sich Zweig und Key.

Key thematisiert die Rolle der Frau in Familie und Gesellschaft deutlicher und stellt dabei fest, dass eine Bedingung für das Gelingen von zwischenmenschlicher Kommunikation davon abhängig ist, dass es beiden Geschlechtern auch in gleicher Weise ermöglicht werden und erlaubt sein muss, sich in Wort und Schrift auszudrücken; sei es privat oder im öffentlichen Raum, sei es in künstlerischen, wissenschaftlichen und politischen Bereichen. Auch deshalb ist es ihr wichtig, politisch aktiv zu werden und zu fordern, dass Wahlrecht, Allgemeinbildung, Universitätsausbildung und Berufsausbildung, beiden Geschlechtern in gleicher Weise zugänglich zu machen sind.

---

223 Nightingale, Florence (1820–1910), britische Krankenschwester und Begründerin der modernen Krankenpflege, reformierte das Sanitätswesen und die Gesundheitsfürsorge.

224 Suttner, Bertha Freifrau von (1843–1914), österreichische Schriftstellerin und Friedensforscherin.

225 Key, Ellen: *Skönhett för alla*. Verdandis småskrifter. Stockholm 1904.

Die gesellschaftliche Benachteiligung der Frau problematisiert Zweig noch in seinem Lebensrückblick *Welt von Gestern* nicht. Dort schreibt er ganz unkritisch über die Pariser Frauen: „Nie habe ich bessere stillere Hausfrauen gesehen als dort im brüderlichen Kreise, sparsam, bescheiden und heiter selbst unter den engsten Umständen, kleine Wunder zaubernd auf einem winzigen Herd, die Kinder behütend und dabei allem Geistigen ihrer Gatten treu verbunden!"[226]

Key, durch ihre Arbeit Sekretärin ihres Vaters im schwedischen Reichstag politisch sensibilisiert, sieht auch gesellschaftspolitische Zusammenhänge, sie hat ein at ein stärkeres soziologisches Verständnis von Entwicklungsprozessen und verbindet Sozialisierungs- und Individualisierungsprozesse miteinander.

So stellt sie in ihren Essays nicht nur die psychische Entwicklung einer Persönlichkeit dar, sondern auch ihre gesellschaftliche, d. h. sie hebt die Wechselwirkungen und den Prozesscharakter hervor und entwickelt daraus politische Forderungen.

Auch legt sie in ihrer Schilderung des Lebenslaufes von Nightingale Wert darauf, sie nicht allein als Krankenpflegerin der Soldaten in untergeordneter karitativer Tätigkeit zu zeigen, sondern als zielbewusste Kämpferin. Während Nightingale nicht an die Abschaffung des Krieges geglaubt habe, die Not der leidenden Menschen aber dennoch zu lindern bemüht gewesen sei, habe Bertha, Freifrau von Suttner, ihre Lebensaufgabe im leidenschaftlichen Einsatz für den Pazifismus gesehen. Bedeutungsvoll erscheint Key von Suttners Erkenntnis, dass der Krieg sich auch nicht mehr für die Sieger lohnen dürfe. Ihr Buch *Die Waffen nieder!* fordere die Abschaffung des Krieges als Mittel der Politik. Gegen die Hetze und Häme der Presse, die von Suttners Werk als rührseliges und utopisches Friedensgeschrei bezeichnet habe, gegen die Verbote ihres Buchs in Deutschland und Österreich im Jahre 1916, habe von Suttners vergeblicher Friedenskampf gezeigt, dass die Menschen des 20. Jahrhunderts wählen müssten: Humanität oder Krieg[227].

Auf von Suttners Einfluss geht die Stiftung des Friedensnobelpreises durch den Erfinder des Dynamits, den Schweden Alfred Nobel, zurück; sie erhält diesen Preis 1905 noch vor dem Ersten Weltkrieg als fünfte Preisträgerin.

Key schreibt in *Der Mütter Bittgang* auf Seite 24: „Mit der Ära der Sprengstoffe hat die Gewalt eine Form angenommen, in der ihr die Gewalt nicht mehr beikommen kann. Und das bedeutet entweder das Ende der Menschheit oder das Ende der Gewalt. Wir hoffen das letztere."

---

226 Zweig, Stefan: *Die Welt von Gestern.* Frankfurt a.M. 1999. S. 162.
227 Key, Ellen: Florence Nightingale und Bertha von Suttner. *Zwei Frauen im Kriege wider dem Krieg.* Autorisierte Übersetzung durch Felix Moeschlin, Zürich 1919: S. 25ff.

HEIMAT UND ENTWURZELUNG

Der Erste Weltkrieg ist für Zweig und Key eine tieferschütternde Krise. Beide hoffen zunächst, dass sie sich treu bleiben können, müssen aber schmerzlich erfahren und vor sich selbst zugeben, dass es Grenzsituationen gibt, in denen sie ihr Verhalten selbstkritisch hinterfragen:

Stefan Zweig bekennt z. B., dass er im Kriegsarchiv und im Kriegspressequartier in Wien nicht tun darf, was er tun möchte. So schreibt er: „Wie beneide ich Sie, dass Sie frei für alle Nationen im leidenschaftslosen Land leidenschaftlich wirken können und ich hoffe für Uns, für Sie und für alle, dass Sie es tun werden." (55. Brief, 1915)

Doch Key muss die Grenzen eines unbedingten Pazifismus für sich erkennen, als sie sich für Finnland einsetzt. Sie schreibt fast entschuldigend an Zweig:

„Sie und alle Pazifisten Sie müssen dieses Verstehen: Es ist nicht Kampf gegen Ideen, es ist Kampf gegen Raubmord, organisierter roter Terror!!"
(66. Brief, 1918)

Beide bemühen sich, an eine Zukunft zu glauben, statt in Resignation zu verfallen. Zweigs „herbstliche Stimmung" zeigt sich zum Ende des Ersten Weltkrieges im Oktober traurig und verhalten, er beschreibt eher die Erwartung des kommenden kalten Winters als eine Hoffnung auf den irgendwann wiederkehrenden Frühling. Die „Friedensbotschaft", die Absehbarkeit der Niederlage für Österreich-Ungarn, bedeutet gleichzeitig den Zerfall des Kaiserreiches.[228]

FRIEDENSBOTSCHAFT IM HERBST (Stefan Zweig: Friedensbotschaft im Herbst, Neue Freie Presse, 22. Oktober 1918)

Ein Bote war aus der Stadt gekommen, schon von ferne schwang er das weiße Zeitungsblatt uns zu wie einen Gruß und noch, ehe wir sie wußten, spürte ein Ahnen, diese Botschaft sei gut.

Ein paar Menschen traten zusammen, einer las es den anderen vor, daß für Tage zumindest und wohl für immer das Töten zu Ende sein werde, und tief, voll, tönend sprach einer es aus, das Wort: Das ist der Friede." (...)

Immer tiefer bog ich mich in mich selbst hinein, lauschend dem neuen Gefühl, lauschend, ob es nicht

---

228 Am 4. November 1918 sind die Kampfhandlungen und damit der Krieg für die ehemalige Donaumonarchie mit dem Inkrafttreten des Waffenstillstandes von Villa Giusti zwischen Österreich und Italien bendet.

aufrauschen wollte, schluchzend, selig, warm aufstür-
zend dem Worte entgegen: Friede!

Aber es blieb still. Es schlug unten still im Herzen,
die Gedanken aber gingen leicht und froh, aber die Flamme
der Lust, die große, die selige Freude, wo war sie?

Ich sah den anderen ins Gesicht: auch sie gingen
still, sprachen leise: keiner jauchzte, keiner war ganz
froh. Und irgendeine schwere Enttäuschung fiel schwer
über mich, wie Schlaf über einen fällt oder ein dunkles
Gefühl: die große Freude ist nicht mehr. Der große Pan
ist tot. Müde die Welt von zu vieler Qual, müde wir
selbst von zu viel Erwartung, schwer und matt unser
Gefühl wie nasses Stroh, zu Boden geschlagen vom Sturm.

Fünf Jahre hatte man gelechzt nach diesem Wort, die
Arme schmerzhaft ausgespannt, es niederzureißen vom
Baume der Zeit, und nun, da es niederhing, reife Frucht,
mild und nah, war es bitter in der Kehle und die Hand
zu müde, es zu fassen. Immer wieder horchte ich in mich
hinein, ob es nicht aufflackern wollte, das Wort. Aber
es blieb still innen: das Gefühl war verblüht.

Mir war, als ob ich alt wäre, uralt, so voll Scham
war ich, ohne Freude zu sein in dieser Stunde, an diesem Tag. Und ich hatte Furcht vor den Menschen, heute
mit ihnen zu sein mit dunkler Seele, müde und verblüht.
Draußen aber stand einer, der war mir nah: an des Dor-
fes Ende, hinter den Häusern wartend, still und leise,
stand er, der Herbst. (...)

Europa, so wie Key und Zweig es gekannt haben, existiert nicht mehr. Sie fragen
sich, was aus den großen europäischen Kulturnationen geworden ist und werden
wird, und nehmen die großen Hindernisse zu einer Wiederversöhnung wahr.

Der Zukunftsglaube ist bei Key noch vorhanden, doch seit sie sich in Schweden
1911 wieder „eingewurzelt" hat, mag und kann sie nicht mehr durch Europa reisen,
in die in weiten Teilen ausgebluteten, verarmten und zerkleinerten Länder.

Schon während des Ersten Weltkrieges hat Key sich intensiv für Versöhnung
und Verständigung zwischen Völkern Europas eingesetzt, auch wenn Zweig es
nicht wahrnehmen konnte. Dieses Engagement setzt sie auch nach dem Krieg
fort. Sie spricht sich schon 1918 dafür aus, dass den Deutschen keine Bedingungen auferlegt werden, die mit ihrem Selbstbestimmungsrecht im Widerspruch

stehen. Der „Rachefrieden" soll ihrer Meinung nach in einen Frieden von Weisheit und Milde umgewandelt werden und man soll Deutschland zur Versöhnung die Hand reichen, „auf dass in das Verhältnis der Völker zueinander eine höhere Menschlichkeit komme."[229]

Auch ruft sie die Frauen der Entente Länder dazu auf, die drohende Hungersnot in Deutschland abzuwehren und die Kinder zu retten. Doch dies wird im besiegten Deutschland nur zum Teil mit Dankbarkeit aufgenommen.

Es wird stiller um Ellen Key, zumal es ihr, von Krankheit gezeichnet, immer schwerer fällt, die umfangreiche Korrespondenz aufrechtzuerhalten, Rezensionen oder Zeitungsartikel zu schreiben.

Nur ihr Buch vom *Jahrhundert des Kindes* ist gegenwärtig noch bekannt[230], wenn auch eher als Schlagwort in der Pädagogik. Ihre weitergehenden inhaltlichen Forderungen zu einer umfassenden Gesellschaftsreform, die sich auf alle Gebiete erstrecken sollte, die sich mit der Zukunft des Menschen befassen, sind vergessen.[231]

Zweig beginnt schon im Krieg eine Tragödie zu schreiben: *Jeremias* ist eine Parabel über Kriegseuphorie und -jammer nach der Katastrophe und zeigt Zweigs Engagement; er will beschreiben, dass der Schwache, der Ängstliche, der in der Zeit der Begeisterung verachtet wird, in der Stunde der Niederlage sich meist als der einzige erweist, der die Situation nicht nur erträgt, sondern sie meistert. Die Arbeit am *Jeremias* hat für Stefan Zweig in den Jahren 1916 und 1917 auch eine

---

229 Aus einem Bericht über Keys Einsatz für Versöhnung und Frieden nach dem Ersten Weltkrieg: *Illustrierte Weltschau* vom 15.12.1918, einer Kunstbeilage zu den *Flensburger Nachrichten*.

230 Nur *Das Jahrhundert des Kindes* erlebte in Deutschland bis heute Neuauflagen. Alle anderen Bücher von Key wurden nach dem Ersten Weltkrieg in Deutschland nicht wieder aufgelegt.

231 Vgl. Hansen, Margrit: a. a. O., S. 219. Anton Blanck über Key 1949: „Es ist indes nicht so ungewöhnlich, dass ein Autor, der in seiner eigenen Zeit tiefe, bedeutungsvolle Schriften verfasst hat, im Schatten verschwindet. Die Nachwelt liest z. B. kaum noch eines von Thorilds Werken. Einst war er einer der markantesten und charakteristischsten Persönlichkeiten seiner Zeit. Man braucht nur einen Blick auf eine Buchseite von ihm zu werfen um zu erkennen, dass er ein großer Verkünder war. Diesen beiden Individualisten, die so überragend über die Menschheit dachten, war auch gemeinsam, dass sie durch ihre Art zu sprechen, durch das Timbre ihrer Stimme die Zuhörer vereinnahmten. Ellen Key hatte eine hervorragende ausdrucksvolle Stimme, deren seltsam fesselnden Altklang sie mit vollendeter Kunst nuancierte.(...) Und doch, wie viel mehr von der Substanz des Menschlichen hat sie nicht gesehen und ausgesprochen; die Stimme ihrer Verkündigung klingt aufrichtig."

therapeutische Komponente, denn er beteuert, dass er während seines dichterischen Gestaltens nicht mehr so schwer an der Tragödie der Zeit leidet.

Der Glaube an eine Zukunft in der Welt, auch der Glaube an die Menschheit erstarkt allmählich wieder.

Zweig findet eine Heimat in Salzburg, in seinem Heimatland Österreich. Das Schlössl auf dem Kapuzinerberg, einem kleinen bewaldeten Hügel mit einem zauberhaften Blick in die Ferne, wird für Zweig ein Ort der Begegnung mit Gleichgesinnten. Ähnlich wie Keys *Strand* wird es ein Ort der Gespräche und der gemeinsamen Freude. Dieses Zuhause wird der letzte Platz, an dem sich der Dichter heimisch fühlt.

Erst nach 1926, nach Keys Tod, verfasst Zweig dort seinen Bestseller *Sternstunden der Menschheit. Fünf historische Miniaturen* (1927). Sie gehören bis heute zu den bekanntesten Werken. 1926 erringt Zweig als Dramatiker mit der Bearbeitung von Ben Jonsons (1572–1637) *Volpone* einen großen Bühnenerfolg.

Rahel (1928) wird bei Zweig zur Fürsprecherin des jüdischen Volkes, die Gott anklagt und herausfordert.

Mit biografischen Erzählungen, in denen er Menschen in ihren historischen, kulturellen und privaten Beziehungen darstellt, hat er schon vorher Erfolge erzielt, doch mit weiteren Werken findet Zweig ab 1926 zu seiner eigentlichen Begabung: neben seinen biografischen Erzählungen *Baumeister der Welt Band 3: Drei Dichter ihres Lebens. Casanova – Stendhal – Tolstoi* (1928) erscheinen schließlich die großen Biografien: *Joseph Fouché* (1929), *Triumph und Tragik des Erasmus von Rotterdam* (1934), *Marie Antoinette* (1932) und *Maria Stuart* (1935).

Seine nach 1926 erscheinenden Novellen, Dramen und Romane machen weiterhin beispielhaft auf Persönlichkeiten der europäischen Geschichte aufmerksam. Zu Zweigs Werken gehören fast 40 Porträts verschiedenster Menschen, die er in Biografien, Essays und Charakterbildern gezeichnet hat.

Zweigs wachsendes Vertrauen in die Zukunft äußert sich unter anderem in seiner Sammlertätigkeit, die auch der Kulturbewahrung dienen soll. Er sammelt Bücher und andere Zeugnisse künstlerischen Wirkens, Partituren, Gemälde, Manuskripte, z. B. Handschriften von Balzac, Goethe und Nietzsche, Autographe von Bach, Holzschnitte von Masereel.

Er kann sich über ein Jahrzehnt lang zu den meistübersetzten deutschen Autoren der Welt zählen und ist auf der ganzen Welt (ähnlich wie Key am Anfang des Jahrhunderts in Europa) als Gastredner gefragt.

Doch ab 1933 bewahrheiten sich Befürchtungen, die er schon 1918 hegte. Was er im Ersten Weltkrieg schon für Polen von fern beklagt hat, ihm aber für

Österreich-Ungarn und Deutschland unvorstellbar war, wird jetzt Realität: die Bedrohung der gesamten jüdischen Bevölkerung.

Zweig erlebt eine allmähliche vollständige Ausgrenzung als Mitmensch in den großen Ländern seiner Muttersprache, in Deutschland und in Österreich. Als Jude muss er sein Haus in Salzburg und sein Land verlassen.

Alles, was darauf folgt, bedeutet für Zweig Heimatlosigkeit und Fremdsein. Er kann es letztendlich kaum mehr ertragen, welche Verbrechen gegen Mitmenschen in einem aufgeklärten Europa möglich sind. Sein Geburtsland, das österreichisch-ungarische Kaiserreich ebenso wie das deutsche Kaiserreich haben sich doch wenige Jahre zuvor noch als Kulturnationen verstanden. Jetzt muss er erleben, dass seine Rechte als Mensch und Bürger ihm entzogen werden und seine Würde als Mensch keine Geltung mehr besitzt. Die Verpflichtung seines Staates, die unverletzlichen und unveräußerlichen Menschenrechte als Grundlage jeder menschlichen Gemeinschaft, des Friedens und der Gerechtigkeit in der Welt, zu achten und zu schützen, wird für Menschen jüdischen Glaubens aufgehoben. Zentrale Merkmale der Universalität, Unveräußerlichkeit und Unteilbarkeit der menschlichen Würde werden außer Kraft gesetzt.

Noch 1932 hofft Zweig, dass ein menschliches Gewissen mittels Sprache nachhaltig angerührt werden kann. Alle Veröffentlichungen durchzieht die Mahnung gegen Gewalt, die Forderung auf das Recht individueller Freiheit und die Hoffnung auf eine Menschheit, die sich der menschlichen Gemeinschaft verpflichtet fühlt.

Doch schon 1933 werden seine Werke in Deutschland von den Nazis auf die Liste „verbrennungswürdiger Bücher" gesetzt. Zweigs Wanderungen oder Reisen durch die Welt bekommen dadurch eine andere Qualität. Der Reichstagsbrand, die Bücherverbrennungen, die Konzentrationslager in Deutschland warnen ihn. Die Verfilmung seiner Novelle *Brennendes Geheimnis*, die im März 1933 in die Kinos kommt, wird schnellstens verboten. Richard Strauss' Oper *Die schweigsame Frau*, zu der Zweig das Libretto geschrieben hat, wird zwar in der Dresdener Oper aufgeführt, aber kurze Zeit danach wieder abgesetzt und in ganz Deutschland und Österreich nicht mehr aufgeführt.

Obwohl ihm zunächst das ganze Ausmaß seiner Bedrohung noch nicht fassbar ist, verkauft er seine Autographensammlung großenteils. Wenige ihm verbliebene Autographen und wertvolle Bücher kann er nach London schicken lassen. Nach dem sozialdemokratischen Aufstand 1934 gegen die nationalistische österreichische Regierung wird auch er bedroht, sein Haus durchsucht.

Daraufhin organisiert Zweig seine Abreise nach London und emigriert ins englische Exil.

Sein Heim und fast sein gesamtes Vermögen büßt er ein, als die Gestapo alles, was im Hause Kapuzinerberg zurückgelassen werden muss, beschlagnahmt und 1940 in Salzburg öffentlich versteigert. Das eigene Land zu verlassen wird auch für die übrige Familie zur Notwendigkeit, um zu überleben. Damit ist das Vermögen von Stefan und Friderike Zweig, welches sie wegen der strengen Devisengesetze nicht ins Ausland überweisen können, ist verloren: Bankguthaben, Wertpapiere, Schmuck, Bilder, die Bibliothek mit etwa 600 Büchern, sogar der Erlös aus dem Verkauf des Hauses in Salzburg. Seine erste Ehe zerbricht unter diesen Belastungen.

Mit seiner zweiten Frau Charlotte, die er 1934 in London kennengelernt hat, flieht er von England über New York nach Brasilien. Nach sechs Jahren der Flucht – nicht mehr des Wanderns oder des Reisens – erreicht er 1940 Brasilien. England muss er verlassen, weil man ihn nach dem Anschluss Österreichs an das Deutsche Reich im englischen Königreich mehr und mehr für unerwünscht hält. Nach Ausbruch des Zweiten Weltkrieges wird er endgültig zum „Enemy Alien", zum feindlichen Ausländer.

Er lässt sich schließlich in Petrópolis nieder, einem ruhigen Ort mit tropischem Klima und versucht einen Neuanfang, der nicht gelingen will.

Dagegen hat Key in ihre schwedische Heimat, wenn auch spät, wieder zurückkehren können. Damit unterscheidet sich Zweigs Diskriminierung einschneidend von den Diskriminierungen, denen Key ausgesetzt um 1904 war. Ihr ist mit 60 Jahren eine Rückkehr in das Land ihrer Muttersprache möglich, ihm nicht.

Mit Hilfe eines guten Freundes, Prinz Eugen[232], kann sie ein Grundstück am Südhang des Ombergs in Östergötland erwerben. Der Bau beginnt im März 1910 und Key kann kurz vor ihrem 61-sten Geburtstag, im Dezember 1910, in das halbfertige Haus einziehen. „… ich bin froh nun die Wurzeln wieder in ein Stück Erde zu stecken!" schreibt sie an Zweig (49. Brief, 1911).

Die Sehnsucht nach dem verlorenen Land und dem Gut Sundsholm, auf dem sie als Kind gewohnt hat, ist jetzt gestillt. Sie war sicher auch ein Motiv für ihre Reisen, da sie sie von ihrer Heimatlosigkeit ablenkten.

Key bleibt danach, abgesehen von kurzen Ausflügen, in *Strand* und lebt dort schreibend, korrespondierend und Gäste empfangend. Abgesehen von kurzen Ausflügen verlässt sie diesen Ort nicht mehr und verbringt ihren Lebensabend dort bis zu ihrem Tod 1926.

---

232 Prinz Eugen von Schweden (1865–1947), Herzog von Närke, jüngster Sohn von Oskar II., Maler.

Die Wände des Eingangs sind mit Zitaten ihrer Lieblingsautoren bemalt: „Memento Vivere" von Goethe, ein Zitat, das schon der junge Goethe dem „Memento mori" der christlichen Kirche entgegensetzte, „Där livets hav oss gett en Strand" (Das Meer des Lebens hat uns einen Strand gegeben) von J. L. Runeberg[233] und an erster Stelle „Denna dagen ett liv" (Dieser Tag – ein Leben) von Thomas Thorild[234].

In diesem Hause trägt sie ihre seit vielen Jahren aufgebaute Bibliothek zusammen, ihre seit der Kindheit eingelagerten Möbel, ihre Gemälde, Textilien, die Briefe und die Geschenke von Freunden und Bekannten.

Der Landsitz wird durch Testament Keys in eine Stiftung eingebracht. Es soll ein Gästehaus für arbeitende Frauen werden, wie sie sie vor allem in den 1890er Jahren in Stockholm getroffen und unterrichtet hat.

Bis heute unterhält die Stiftung das Haus als Sommerinstitut für Frauen, die selbst keine Mittel haben, sich zu erholen und zu bilden. Auch Ellen Keys Bibliothek kann dort besichtigt werden.

1906 hatte Zweig an sie über das Wandern und Heimkommen geschrieben:

„Ich verstehe im tiefsten Ihre stete Wanderschaft, ich weiss, dass sie nicht Unrast ist, sondern ein Ruhen im stet bewegten Zustand. Nur ich lebte selbst so, hielten mich nicht einige Bedenken und Umstände (Familie, Kunst) zeitweilig fest: wie weit ich aushole, ich schwinge immer nach Wien zurück." (23. Brief)

Jetzt spricht Zweig von Jahren heimatlosen Wanderns, sodass es nach dem 60-sten Jahr für ihn besonderer Kräfte bedürfte, noch einmal völlig neu zu beginnen. „Die Welt, die wir geliebt haben, ist unwiderbringlich dahin. Und zu dem, was später kommt, können wir nichts mehr beitragen. Unser Wort wird nicht mehr verstanden werden – in keiner Sprache. Wir werden Heimatlose sein – in allen Ländern. Wir haben keine Gegenwart und keine Zukunft. Das Vergangene können wir nicht zurückholen, und das Neue wird über uns weggehen. Was hat es für einen Sinn, daß man als sein eigener Schatten weiterlebt? Wir sind doch nur Gespenster – oder Erinnerungen."[235]

Seine Melancholie wächst, Zweig fühlt sich entwurzelt und fremd.

Gegenwärtig wird Heimat von der Psychologie als Basis von Identität gesehen, da der Mensch einen Ort der Zugehörigkeit brauche um sich entwickeln und

---

233 Runeberg, Johan Ludvig (1804–1877), finnisch-schwedischer Nationaldichter.
234 Thorild, Thomas (1759–1808), schwedischer Dichter und Literaturkritiker, politisch stark engagiert. Nachdem er Schweden verlassen muss, weil er des Landes verwiesen wird, arbeitet er an der Universität Greifswald.
235 zitiert nach Arens, Hanns: *Stefan Zweig im Zeugnis seiner Freunde*. München, neue, erw. Ausg. 1968, S. 133).

abgrenzen zu können. Man vermutet Zusammenhänge zwischen der Entwurzelung mit Depressionen.

Simone Weil, französische Philosophin und Politikerin, die als Jüdin die deutsche Besatzung in Frankreich und Spanien überlebte und in England starb, meint, dass die Entwurzelung bei weitem die gefährlichste Krankheit der menschlichen Gesellschaft sei.

In ihrem letzten Werk *Die Einwurzelung (in neuerer Übersetzung auch Verwurzelung: l'Enracinement)*, erschienen mit einem Vorwort von Albert Camus, schreibt sie: „Die Entwurzelung ist bei weitem die gefährlichste Krankheit der menschlichen Gesellschaft. Wer entwurzelt ist, der entwurzelt. Die Verwurzelung ist vielleicht das wichtigste und meistverkannte Bedürfnis der menschlichen Seele."[236] Wenn die Bedürfnisse der Seele nicht befriedigt werden, führen sie, genau wie bei unerfüllten körperlichen Lebensbedürfnissen, zu einem Zustand, der lebensgefährlich sei, mahnt sie.

Zweig leidet intensiv an seiner Entwurzelung. Er versucht zwar, das Land Brasilien lieben zu lernen, aber „nachdem die Welt meiner eigenen Sprache für mich untergegangen ist und meine geistige Heimat Europa sich selber vernichtet" mag er nicht mehr leben. „Denn losgelöst von allen Wurzeln und selbst von der Erde, die diese Wurzeln nährte, –das bin ich wahrhaftig wie selten einer in den Zeiten. (…) Mein literarisches Werk ist in der Sprache, in der ich es geschrieben, zu Asche gebrannt worden, in eben demselben Lande, wo meine Bücher Millionen Leser sich zu Freunden gemacht. So gehöre ich nirgends mehr hin, überall Fremder und bestenfalls Gast; auch die eigentliche Heimat, die mein Herz sich erwählt, Europa, ist mir verloren, seit es sich zum zweitenmal selbstmörderisch zerfleischt im Bruderkriege."[237]

Zu seinen letzten Werken gehört die Schachnovelle (1942), welche die psychische Gefährdung, die ein Gefangener der Gestapo erlebt, sehr eindrücklich darstellt.

Für ihn gibt es nur noch die Nacht. Er ist 61 Jahre alt, als er eine Überdosis von Medikamenten einnimmt: „Aus freiem Willen und mit klaren Sinnen."

---

236 Weil, Simone (1909–1943), französische Philosophin, Dozentin und Sozialrevolutionärin. Ihr letztes dreiteiliges Lebenswerk, ihr politisches und philosophisches Testament (*Les besoins de l'âme, Le Déracinement* und *L'Enracinement*), enthält als letzten Teil: *Die Einwurzelung, Einführung in die Pflichten dem menschlichen Wesen gegenüber*. Übers. Friedhelm Kemp, München 1956 (Erstveröffentlichung: L'Enracinement: Prelude a une Declaration des Devoirs Envers l'etre Humain. Paris 1949).

237 Zweig, Stefan: Die Welt von Gestern. Frankfurt a.M. 1999, S. 8.

„Ich grüße alle meine Freunde! Mögen Sie die Morgenröte noch sehen nach der langen Nacht. Ich, allzu Ungeduldiger, gehe Ihnen voraus!"
Seine Frau Charlotte folgt ihm in derselben Nacht in den Tod.

In seinem Brief vom Februar 1916 an Key klang es schon fast ahnungsvoll, wie ein Hinweis auf seine letzten Worte:
„Ich habe ja nichts zu sagen, was Sie nicht ahnten und wüssten: alle Diskussionen über Ursachen von Europas Entzweiung sind ja sinnlos geworden und gering gegen die andere furchtbare Frage, wie die Versöhnung wieder zu gestalten sei. (…) Predigen Sie, sprechen Sie, schreiben Sie – wirken Sie, liebe gute Ellen Key „solange es Tag ist" – wie Goethe in seinen Briefen nach der schweren Krankheit sagt. „Solange es Tag ist" solange Wirken noch von Wert ist. Ich zähle auf Sie, ich glaube an Sie!"[238]
Obwohl es für Zweig 1916 noch undenkbar war, sich die immer dunkler werdende Entwicklung vorzustellen, die für ihn schließlich zur tragischen Nacht in Petropolis führen sollte, enthalten seine Worte schon damals die Befürchtung, dass eine „Nacht" für die Menschheit kommen wird, die nicht so bald enden wird. Später, in der *Welt von Gestern*, wird er von einem Schatten des Ersten Weltkrieges sprechen, der durch all die Zeit nicht mehr gewichen sei.

Abschließend, sich tröstend, sagt Zweig jedoch im letzten Satz der *Welt von Gestern*:
„Aber jeder Schatten ist im letzten doch auch Kind des Lichts, und nur wer Helles und Dunkles, Krieg und Frieden, Aufstieg und Niedergang erfahren, nur der hat wahrhaft gelebt."
Und auch Key findet in ihrem Werk *Missbrauchte Frauenkraft* (1896) im letzten Satz ähnlichen Trost:
„Ein seelenvoll gelebtes Leben ist ein Schmerz. Aber Leben in Schmerz oder Seligkeit ist Kraftentfaltung ist Genuss, ist das Gegenteil von Stillstand und Tod."

Es gibt immer wieder Neuauflagen seiner und auch ihrer Werke. Doch die Zeit ist reif für eine Neuentdeckung der Werke Ellen Keys und für einen neuen Blick auf die noch präsenten Werke von Stefan Zweig. Man ist geneigt zu sagen: Ihre Schriften sind aktueller denn je.

---

238 Vgl.: „Also wollen wir uns, solange es Tag ist, nicht mit Hallotri beschäftigen" aus einem Brief Goethes an Carl Friedrich Zeller, 29.05.1830. Ähnlich: „Ich muss wirken die Werke des, der mich gesandt hat, solange es Tag ist; es kommt die Nacht, da niemand wirken kann." Das Neue Testament, Johannes 9,4.

Ellen Key: Bronzestatue von Sigrid Fridman (1879–1963), im Ellen Keys Park, in Stockholm, Schweden.

Abbildung 9: Ellen Key. Bronze.

Stefan Zweig: Bronzestatue von Josef Zenzmaier (* 1933), am
Kapuzinerberg in Salzburg, Österreich.

Abbildung 10: Stefan Zweig. Bronze.

Abbildungen

AUSWAHLBIBLIOGRAPHIE

QUELLEN

Briefe und Postkarten von Stefan Zweig an Ellen Key (aus den Jahren 1904–1921): Kungl. Biblioteket Stockholm (KB): 20 Briefe (1905–21) unter dem Signum, L 41:63;10 Briefe (1909–21) unter dem Signum L 41a.:24. Die KB bewahrt im Ellen Key-Archiv ca. 10.000 Briefe an E.K. von ca. 3.800 Briefschreibern, davon etwa 700 aus Deutschland und ca. 1.700 Briefe von E.K. an ca. 70 Adressaten.

Briefe und Postkarten von Ellen Key an Stefan Zweig (aus den Jahren 1904–1921): Jewish National and University Library – Department of Manuscripts and Archives. 19 Briefe und 24 Postkarten. System Number 003427770.

IN DEUTSCHER SPACHE ERSCHIENENE WERKE KEYS

Key, Ellen: Mißbrauchte Frauenkraft (1898), übersetzt von Therese Krüger, 3. Auflage, Berlin 1905.

Key, Ellen: Menschen. Charakterstudien von Ellen Key. (Carl Jonas Love Almqui, Elizabeth, geb. Barret, und Robert Browning) Berlin 1903.

Key, Ellen: Diderot als Kunstkritiker, Aus dem Schwedischen von Francis Maro, Die Insel, 3. Jg. Nr. 7–9, Berlin und Leipzig 1902

Key, Ellen: Essays (1899). Übertragung von Francis Maro. 7. Auflage, Berlin 1907.

Key, Ellen: Madame de Stael und Napoleon I. In: Die Waage, Wiener Wochenschrift. Wien 1900, Nr. 29: 40–42, Nr. 30: 57–60.

Key, Ellen: Hilma Strandberg. In: Aus fremden Zungen. Berlin 1900, S. 332–334.

Key, Ellen: Frida Stèenhoff. In: Dokumente der Frauen, Bd. 5, Wien 1901, S. 250–254.

Key, Ellen: Die Wenigen und die Vielen. Neue Essays (1901). Übertragung von Francis Maro. 2. Auflage, Berlin 1901.

Key, Ellen: Malwida von Meysenbug. In: Die Zeit, Nr. 388, Wien 1902, S. 151–153.

Key, Ellen: Das Jahrhundert des Kindes. Übertragung von Francis Maro. Deutsche Erstausgabe 1902, neu herausgegeben: Weinheim und Basel 1992.

Key, Ellen: Über Liebe und Ehe (1904). Übertragung von Francis Maro. 5. Auflage, Berlin 1905.

Key, Ellen: Liebe und Ethik (1905). Autorisierte Übersetzung von Francis Maro. Berlin 1911.

Key, Ellen: Der Lebensglaube. Betrachtungen über Gott, Welt und Seele (1906). Autorisierte Übersetzung von Francis Maro. 2. Auflage, Berlin 1906.

Key, Ellen: Nietzsche und Goethe. In: Die Neue Rundschau (Freie Bühne, Neue Deutsche Rundschau), Berlin 1907, S. 385–404.

Key, Ellen: Persönlichkeit und Schönheit in ihren gesellschaftlichen und geselligen Wirkungen. Essays (1907). Übertragung von Francis Maro. 2. Auflage, Berlin 1907.

Key, Ellen: Rahel. Eine biographische Skizze. Übertragung von Marie Franzos. Leipzig, Haberland 1907.

Key, Ellen: Drei Frauenschicksale. 1908 (Sonja Kovalevska, Anne Charlotte Leffler, Viktoria Benedictsson), Übertragung von Marie Franzos. Berlin 1908.

Key, Ellen: Mutter und Kind. Übertragung von Marie Franzos. Berlin 1908.

Key, Ellen: Die Frauenbewegung. In: Die Gesellschaft, Sammlung sozialpsychologischer Monographien. Bd. 28/29, Hrsg.: Buber, Martin. Autorisierte Übersetzung von Marie Franzos, Frankfurt 1909.

Key, Ellen: Ein Frauenporträt (Sophie Hoechstätters Biographie über Frida von Bülow). In: Berliner Tageblatt, Nr. 392 vom 5.8.1910.

Key, Ellen: Björnson und Schweden. In: Hamburger Nachrichten vom 13.8.1911.

Key, Ellen: Selma Lagerlöf. In: Dresdner Neueste Nachrichten vom 4.6.1911.

Key, Ellen: Seelen und Werke. Essays. Übertragung von Marie Franzos, Berlin 1911.

Key, Ellen: Ein Vorläufer des wissenschaftlichen Pazifismus (Gustav Björklund). In: Die Friedenswarte, Wien 1912, S. 50–54.

Key, Ellen: Ein internationales Institut für die Entwicklung der Erziehungswissenschaften. In: Das monistische Jahrhundert. Hrsg.: Ostwald, Wilhelm, München 1912. S. 468–474 und 495–502.

Key, Ellen: Die junge Generation. Autorisierte Übertragung von Carl Morburger, München 1913.

Key, Ellen: Romain Rolland. Essay. In Ord och Bild, 22. Jg., Heft 6, 1913, S. 323–336.

Key, Ellen: Romain Rolland. In: Die Tat, Sozial-religiöse Monatsschrift für deutsche Kultur, 5. Jg. Heft 7, 1913/14: S. 697–719.

Key, Ellen: Zur Frage der künftigen Wiederversöhnung der Völker. In: Dokumente des Fortschritts, 9. Jg., Bern 1916, S. 41–60 (enthält u.a. die deutsche Übersetzung des Vorwortes von *Kriget, fredom och framtiden* und die deutsche Übersetzung eines Artikels im schwedischen Forum vom 3.4.1915).

Key, Ellen: Minnen av och om Emil Key I-III. Stockholm 1915–17.

Key, Ellen: Der Krieg und die Geschlechter. In: Die neue Generation. Hrsg: Helene Stöcker (enthält die deutsche Übersetzung des 13. Kapitels von *Kriget, fredom och framtiden*), Berlin 1917.

Key, Ellen: Der Mütter Bittgang. In: Die Tat, Monatsschrift für die Zukunft deutscher Kultur, Heft 9, 1918, S. 647–652.

Key, Ellen: Wie kann der Völkerbund kommen? In: Neue Züricher Zeitung vom 27.4.1919.

Key, Ellen: Florence Nightingale und Bertha von Suttner. Zwei Frauen im Kriege wider dem Krieg. Autorisierte Übersetzung durch Felix Moeschlin, Zürich 1919.

Key, Ellen: War, Peace and the Future. Translated by Hildegard Norberg (1916), neu herausgegeben New York/London 1972.

Zu Keys Lebzeiten in deutscher Sprache erschienene Werke Zweigs

Zweig, Stefan: Silberne Saiten. Gedichte. Berlin und Leipzig 1901.

Zweig, Stefan: Die Philosophie des Hyppolyte Taine. Dissertation, 1904.

Zweig, Stefan: Die Liebe der Erika Ewald. Novellen. Buchschmuck v. Hugo Steiner-Prag. Berlin 1904.

Zweig, Stefan: Emile Verhaeren. Ausgewählte Gedichte. Nachdichtung von Stefan Zweig. Berlin und Leipzig 1904.

Zweig, Stefan: Paul Verlaine, Monographie. Leipzig 1905.

Zweig, Stefan: Besprechung vom Stundenbuch, Verse eines Gottsuchers. In: Die Nation. Berlin, 23. Jg., Nr. 36 1905/1906.

Zweig, Stefan: Die frühen Kränze. Gedichte, Leipzig 1906.

Zweig, Stefan: Thersites. Ein Trauerspiel. In drei Aufzügen, Leipzig 1907.

Zweig, Stefan: Darstellung Verhaerens. Leipzig 1910.

Zweig, Stefan: Erstes Erlebnis. Vier Geschichten aus Kinderland: Geschichte in der Dämmerung. Die Gouvernante. Brennendes Geheimnis. Sommernovellette. Leipzig 1911.

Zweig, Stefan: Das Haus am Meer. Ein Schauspiel in zwei Teilen. (In drei Aufzügen) Leipzig 1912.

Zweig, Stefan: Der verwandelte Komödiant. Ein Spiel aus dem deutschen Rokoko. Leipzig 1913.

Zweig, Stefan: Vorwort zu Max Brods Roman: *Tycho Brahes Weg zu Gott.* Leipzig 1915.

Zweig, Stefan: Jeremias. Eine dramatische Dichtung in neun Bildern. Leipzig 1917.

Zweig, Stefan: Erinnerung an Verhaeren. Wien 1917.

Zweig, Stefan: Das Herz Europas. Ein Besuch im Genfer Roten Kreuz. Umschlagzeichnung von Frans Masereel. Zürich 1918.

Zweig, Stefan: Legende eines Lebens. Ein Kammerspiel in drei Aufzügen, Leipzig 1919.

Zweig, Stefan: Fahrten. Landschaften und Städte. Leipzig und Wien 1919.

Zweig, Stefan: Drei Meister: Balzac – Dickens – Dostojewski. (= Die Baumeister der Welt. Versuch einer Typologie des Geistes, Band 1), Leipzig 1920.

Zweig, Stefan: Der Zwang. Eine Novelle, Leipzig 1920.

Zweig, Stefan: Angst. Novelle. Mit Abbildungen v. Ludwig Kainer. Berlin 1920.

Zweig, Stefan: Romain Rolland. Der Mann und das Werk. Rütten & Loening, Frankfurt 1921.

Zweig, Stefan: Brief einer Unbekannten. Lehmann & Schulze, Dresden 1922.

Zweig, Stefan: Amok. Novellen einer Leidenschaft. Leipzig 1922.

Zweig, Stefan: Die Augen des ewigen Bruders. Eine Legende. Leipzig 1922.

Zweig, Stefan: Phantastische Nacht. *Erzählung.* Die Neue Rundschau. Jahrgang 33. Berlin 1922.

Zweig, Stefan: Frans Masereel (mit Arthur Holitscher). Berlin 1923.

Zweig, Stefan: Die gesammelten Gedichte. Leipzig 1924.

Zweig, Stefan: Die Monotonisierung der Welt. Essay. Berliner Börsen Courier, 1. Februar 1925.

Zweig, Stefan: Der Kampf mit dem Dämon. Hölderlin – Kleist – Nietsche. (= Die Baumeister der Welt, Band 2), Leipzig 1925.

WEITERE WERKE

Ambjörnsson, Ronny: Ellen Key. En Europäisk Intellektuell. Stockholm 2012.

Arens, Hans: Der große Europäer Stefan Zweig. Frankfurt a. Main 1981.

Bazalgette Léon: Walt Whitman. L'homme et son Œuvre. Paris 1908.

Beck, Knut; Berlin, Jeffrey B.; Weschenbach-Feggeler, Natascha (Hrsg.): Stefan Zweig. Briefe 1914–1919. Frankfurt a. M. 1998.

Bojer, Johan: Macht des Glaubens (Troens magt). Übersetzt von Adele Neustädter, Stuttgart und Leipzig 1904.

Buber, Martin (Hrsg.): Die Gesellschaft. Sammlung sozialpsychologischer Monographien. 40 Bde. Frankfurt a. M. 1906–1912.

Buber, Martin: Die fünfzigste Pforte. Frankfurt a. M. 1907.

Buber, Martin: Die Geschichten des Rabbi Nachmann. Frankfurt a. M. 1906.

Buber, Martin: Die Legende des Baalschem. Frankfurt a. M. 1908.

Burghaller, Rudolf: Phryne. Drama mit einem Vorspiel und Drei Akten. Berlin 1907.

Dante Alighieri: Vita nuova (Neues Leben), Anthologie früher Gedichte. Frankfurt o.J. Dauthendey, Max: Lingam. 1909.

Forel August: Die sexuelle Frage. München 1904.

Friedenthal, Richard (Hrsg.): Stefan Zweig. Briefe an Freunde. Frankfurt a. M. 1984.

Ginzkey Karl: Das heimliche Läuten. Leipzig 1905.

Goethe, Johann Wolfgang v.: Die Wahlverwandtschaften. Tübingen 1809.

Hansen, Margrit: Neues Licht auf Ellen Key. Frankfurt a. M. 2017.

Hansen, Margrit: Sustainable Development als Paradigma moderner Pädologie bei Ellen Key. Frankfurt a. M. 2003.

Harden, Maximilian (1861 –1927), Herausgeber: Die Zukunft. Wochenschrift.

Herzfeld, Marie: Die skandinavische Litteratur und ihre Tendenzen nebst anderen Essays von Marie Herzfeld. Berlin und Leipzig 1898.

Jouve, Pierre Jean: Orne-vingt-cinq-bois-graver-Frans-Maserel-1919. Die leere Welt. Berlin 1917.

Müller, Hartmut: Stefan Zweig. Reinbek 1988.

Nave-Herz, Rosemarie: Die Geschichte der Frauenbewegung in Deutschland. Bochum 1987.

Nyström Hamilton, Louise: Ellen Key. Ein Lebensbild. Leipzig 1904.

Prater, Donald A.: Stefan Zweig. Das Leben eines Ungeduldigen. Frankfurt a. Main 1984.

Prater, Donald A.: Stefan Zweig. Reinbek 1991.

Rilke, Rainer Maria: Das Stundenbuch. Vom mönchischen Leben.Von der Pilgerschaft.Von der Armut und vom Tode. Leipzig 1905.

Rilke, Rainer Maria: Duineser Elegien. Geschrieben 1912–1922. Leipzig 1923.

Schlaf, Johannes: Emile Verhaeren In: Die Dichtung. Berlin 1905.

Sienkiewicz Henryk: Quo vadis. Roman aus der Zeit Neros (1899). 1896. Autorisierte Übersetzung von J. Bolinski, überarbeitete Ausgabe von H. Feodorowski. Berlin 1910.

Strelka, Joseph: Stefan Zweig. Freier Geist der Menschlichkeit. Wien 1981.

Strindberg, August: Schwarze Fahnen (Svarta fanor 1907). Deutsche Übersetzung 1908.

Varnhagen von Ense, Karl August: Rahel. Ein Buch des Andenkens für ihre Freunde. Berlin 1834.

Verhaeren, Emile: La Multiple Splendeur. Paris 1906.

Verhaeren, Emile: Les Heures d'après midi. Paris 1905.

Verlaine, Paul: La Tentation de Saint-Antoine (um 1890/96), Gedicht (unvollendet).

Zweig Stefan: Die Welt von Gestern (1944). Frankfurt a. M. 1999.

Zweig, Friderike: Stefan Zweig: Wie ich ihn erlebte. Stockholm 1947.

Zweig, Stefan: Castellio gegen Calvin oder Ein Gewissen gegen die Gewalt. Wien 1936.

Zweig, Stefan: Ben Johnson's „Volpone". Eine lieblose Komödie in drei Akten. Frei bearbeitet von Stefan Zweig. Mit sechs Bildern nach Aubrey Beardsley. Potsdam 1926.

Zweig, Stefan; Gorki, Maxim, Duhamel, Georges (Hrsg.): Liber amicorum Romain Rolland. Zürich und Leipzig 1926.

Erwähnte Personen

*9 7 8 3 6 3 1 8 1 9 1 8 0 *